नुक्कड़ पर दस्तक

(समकालीन नुक्कड़ नाटकों का संग्रह)

सम्पर्क
ईमेल : arvindgaur@hotmail.com, asmitatheatre@gmail.com

नुक्कड़ पर दस्तक

(समकालीन नुक्कड़ नाटकों का संग्रह)

अरविन्द गौड़

वाणी प्रकाशन

वाणी प्रकाशन
4695, 21-ए, दरियागंज, नयी दिल्ली 110 002
फ़ोन : +91 11 23273167 फ़ैक्स : +91 11 23275710

शाखाएँ

अशोक राजपथ, पटना 800 004, बिहार

कॉफ़ी हाउस कैम्पस, महात्मा गांधी मार्ग, इलाहाबाद 211 001, उत्तर प्रदेश

महात्मा गांधी अन्तरराष्ट्रीय हिन्दी विश्वविद्यालय, वर्धा 442 001, महाराष्ट्र

www.vaniprakashan.in
marketing@vaniprakashan.in
sales@vaniprakashan.in

NUKKAD PAR DASTAK
(Samkaleen Nukkad Natakon ka Sangrah)
by Arvind Gaur

ISBN : 978-93-88684-58-3
Play

प्रथम संस्करण 2019

मूल्य : ₹ 395

सिटी प्रेस, दिल्ली-110 095 में मुद्रित

वाणी प्रकाशन का लोगो मक़बूल फ़िदा हुसेन की कूची से

नुक्कड़ पर दस्तक

नुक्कड़ नाटक बदलाव की उम्मीद का दो टूक, तीखा और सकारात्मक संवाद है। नया दृष्टिकोण, नयी सोच और बेहतर नज़रिया इसका मकसद है।

भारत में नुक्कड़ नाटक आन्दोलन को जनता तक पहुँचाने में इप्टा से लेकर गुरुशरण सिंह, हवीब तनवीर, उत्पल दत्त, बादल सरकार, सफदर हाश्मी, शम्सुल इस्लाम, राजेश कुमार, शिवराम समेत हज़ारों जुझारू अभिनेताओं और नाटककारों का अतुलनीय योगदान है। शुरुआती दौर में नुक्कड़ नाटकों का दौर मुख्यतः राजनीतिक ही रहा। आज़ादी के बाद जनता के टूटते भ्रमों और सपनों के संघर्षों को जन-आन्दोलनों से जोड़ने में नुक्कड़ नाटकों ने सक्रिय और निर्णायक भूमिका निभायी है। सत्ता के साथ संघर्ष की दास्तान अपने आप में कला की सार्थक भूमिका का दस्तावेज़ है।

बदलते दौर में नुक्कड़ नाटकों के विषय व्यापक होने लगे। राजनीतिक विचारधारा और खास पार्टी के झण्डों से आगे निकल नुक्कड़ नाटक आठवें दशक के बाद सामाजिक-राजनीतिक दिशा में आगे बढ़ा। मेरे शुरुआती दौर के नाटक भी मुट्ठी तान और नारे लगा, चौराहों पर क्रान्ति कर रहे थे। पर जल्दी ही इस बात का अहसास हो गया कि समाज में कोई भी परिवर्तन, व्यक्ति के ख़ुद के आन्तरिक बदलाव के बिना असम्भव है। यहीं से मेरे नाटकों में रोज़मर्रा के मुद्दे आने का सिलसिला शुरू हुआ। घर से लेकर सड़क, मोहल्ले और शहर-गाँव के ज्वलन्त सवाल उठने लगे। भ्रष्टाचार, सामाजिक भेदभाव, भ्रूणहत्या, एसिड अटैक, छेड़खानी, बाल मज़दूरी, बाल व्यापार, जैण्डर भेदभाव, पर्यावरण की दुर्दशा, मर्दानगी के सवाल, घरेलू नौकरों की समस्याएँ, सड़क पर मारपीट, ख़ून के अभाव में भटकते लोग, बुढ़ापे की यातना, जाति-धर्म और इनसानियत की बातें, हाशिए के समाज की पीड़ा जैसे सैकड़ों मुद्दे नाटकों का विषय बनने लगे।

छोटी-छोटी बातें हमारी ज़िन्दगी को प्रभावित करती हैं। बड़ी-बड़ी बातें

नारेबाज़ी और जुमलों से तालियाँ तो बटोरी जा सकती हैं, पर सामाजिक-राजनीतिक बदलाव, लोगों के जागरूक होने पर ही हो सकता है। इसी समझ ने भारत के नुक्कड़ नाटकों की दिशा बदल दी। अस्मिता नाट्य समूह ने इसकी शुरुआत लगभग 25 साल पहले की थी, और आज यह नुक्कड़ आन्दोलन राजनीतिक विचारधारा, ट्रेड यूनियन या छात्र संगठनों के सवालों के साथ-साथ हमारे मोहल्लों, स्कूलों, कॉलेजों और हर गली-चौराहों तक पहुँच चुका है।

अस्मिता थियेटर के कर्मठ अभिनेताओं ने दिन-रात काम कर नुक्कड़ नाटकों को देश की जनता की धड़कन बना दिया। हमने देश के हर कोने में नाटक किये। दिल्ली, ग़ाज़ियाबाद, नोएडा, गुड़गाँव, फरीदाबाद, हरियाणा, यू.पी., राजस्थान, झारखण्ड, गुजरात, महाराष्ट्र, आन्ध्र प्रदेश, मध्य प्रदेश से लेकर बिहार के गया, भागलपुर, मुंगेर और नालन्दा तक में हज़ारों नुक्कड़ नाटक किये।

राजनीतिक विचारधारा के प्रचार से हटकर नुक्कड़ नाटक को जनपक्षीय राजनीतिक चेतना से जोड़ते हुए एक नयी पहचान अस्मिता थियेटर के नाटकों एवं उनकी प्रस्तुतियों ने दीं। दर्शकों के उत्साह ने कारवाँ को आगे बढ़ाया। जुझारू एक्टर प्रशिक्षित हुए। नुक्कड़ नाटकों को बदलाव का कारगर और प्रभावी माध्यम बना, उसे सीधे लोगों के सवालों से जोड़ा गया। नुक्कड़ नाटकों के माध्यम से अस्मिता थियेटर ने कई आन्दोलनों की अगुवाई भी की। मज़दूरों के विस्थापन से लेकर दलित, किसान, आदिवासियों के साथ टीम ने काम किया। भारत में भ्रष्टाचार आन्दोलन की बुनियाद मज़बूत करने वाले नुक्कड़ नाटक 'भ्रष्टाचार' के तो हज़ारों प्रदर्शन देश के कोने-कोने में हुए। दर्शकों ने इसके वीडियो बनाये और वो देश भर में दिखाये गये। नुक्कड़ आन्दोलन के इतिहास का यह सबसे महत्त्वपूर्ण और उत्तेजक समय था। सभी टी.वी. चैनलों से लेकर अख़बारों तक में अस्मिता थियेटर के 'भ्रष्टाचार' नाटक की व्यापक चर्चा हुई। इस नाटक ने लोकप्रियता का नया अद्‌भुत अध्याय रचा।

अस्मिता के काले कुर्ते वाले अभिनेता स्टार बन गये। लोग गलियों में पहचानने लगे कि यह तो नुक्कड़ वाले हैं। अस्मिता थियेटर का देशव्यापी जनाधार बना। इसके बाद 'दस्तक' नाटक ने तो नया ही इतिहास लिखा। दस्तक नाटक का पहला हिस्सा, बाल यौन हिंसा पर 2005 की एक वर्कशॉप में लिखा गया। बाद में मैंने एसिड अटैक, घरेलू हिंसा, भ्रूण हत्याओं जैसे सवालों पर कई नुक्कड़ नाटक लिखे। फिर 2010 में महिला यौन हिंसा के इन तमाम मुद्दों को जोड़कर 'दस्तक' नुक्कड़ नाटक लिखा। इसमें सारे सवाल तीखे और सीधे थे। अपनी

सीधी अपील और तीखे कथ्य की ताक़त से यह नाटक दामिनी आन्दोलन का महत्त्वपूर्ण हिस्सा बना। राष्ट्रपति भवन से लेकर इण्डिया गेट तक के विरोध प्रदर्शनों में इसकी हंगामेदार प्रस्तुतियाँ हुईं। गली-मोहल्ले से लेकर स्कूल-कॉलेज और सार्वजनिक जगहों पर लगातार हुए इसके सैकड़ों मंचनों ने महिला यौन हिंसा के ख़िलाफ़ जन आन्दोलन खड़ा कर दिया। प्रत्येक दिन हमारी छह-सात टीमें सड़कों पर निकलती थीं और रोज़ाना आठ-दस शो हर टीम कर रही थी। अस्मिता थियेटर नुक्कड़ टीम के एक्टरों ने भ्रष्टाचार आन्दोलन के बाद, एक बार फिर से जनता का भरोसा और प्यार हासिल किया।

'दस्तक' नुक्कड़ नाटक आज भी लगातार हो रहा है। इसके दस हज़ार से ज़्यादा मंचन अस्मिता अब तक कर चुका है। दस्तक के बाद 'मर्द' नुक्कड़ नाटक आया। सामाजिक कार्यकर्त्ता कमला भसीन और आज़ाद फ़ाउण्डेशन के साथियों के अनुभवों को सँजो मर्दानगी पर यह नाटक नया दृष्टिकोण लेकर लिखा और खेला गया। 'पहचान' नाटक भारत में LGBTQ समाज पर पहला नुक्कड़ नाटक है। यह दिल्ली और चण्डीगढ़ की प्राइड परेड में भी कामयाबी से किया गया। आज यह नाटक देश भर में LGBTQ कम्यूनिटी आन्दोलन की पहचान बन चुका है।

अस्मिता थियेटर के नुक्कड़ नाटक आन्दोलन की सैकड़ों उपलब्धियों की कहानियाँ लोगों के ज़हन में हैं। इन नाटकों ने लाखों लोगों को समझाया, रुलाया, उन्हें बदलते और आगे बढ़ते देखा है। 'ज़िन्दगी' नाटक देखकर हज़ारों युवा ब्लड डोनेशन के लिए वालण्टियर बने। 'बुढ़ापा' देख लोगों ने बुज़ुर्गों के प्रति नज़रिया बदला, 'वो दिन' नाटक ने पीरियड्स जैसे टैबू पर लड़कों के साथ सार्थक संवाद किया। 'पुस्तकालय या मदिरालय' नाटक ने तो बिहार के इलाकों में शराब के ख़िलाफ़ पूरा आन्दोलन खड़ा किया। हर नुक्कड़ नाटक की प्रस्तुतियों अपनी एक कहानी है। इन नाटकों की प्रस्तुतियाँ देखने के बाद दर्शक बात करते हैं, डिबेट करते हैं, तज़ुर्बे बाँटते हैं। ये देश-समाज को जानने की एक लम्बी यात्रा है।

नाटक प्रस्तुतीकरण के पुराने तरीक़े, बदलते दौर और कथ्य के नये आयामों के हिसाब से कारगर नहीं थे। नये तरीक़े तलाशे गये। हमारे यह नाटक कोई तयशुदा ढर्रे में कहानी नहीं कहते हैं, बात करते हैं, समस्याओं पर सवाल करते हैं। वह भी एकतरफा नहीं, ऐसा संवाद जो दर्शकों और अभिनेता के बीच लगातार चले। इन नुक्कड़ नाटकों में कोई मुख्य पात्र नहीं है, कोई तयशुदा चरित्र नहीं है। यह सामूहिक टीम वर्क है। इन नाटकों को हमने बीस अभिनेताओं में भी मंचित किया है और दो सौ एक्टरों के साथ भी। इन नाटकों में चर्चित जनगीतों

और साथ ही लोकप्रिय फ़िल्मी गानों और उनकी पैरोडी का भी दर्शकों के लिए प्रयोग किया गया है। इन सभी फ़िल्मी गीतों और जनगीतों के गीतकारों का भी नाटकों को महत्त्वपूर्ण बनाने में काफ़ी योगदान रहा है उन सभी का आभार। नुक्कड़ नाटक रोज़मर्रा की बोलचाल की भाषा में ही हैं। नाटकों में पाठकों की सुविधा के लिए 'सूत्रधार संवाद' लिखे ज़रूर गये हैं पर उसका मतलब अभिनेता से है, परम्परागत सूत्रधार से नहीं है। जिस तेज़ी से नाटकों के दृश्य और प्रस्तुति के तरीक़े बदले, उसे इस छोटी-सी भूमिका में बाँधना असम्भव ही है। यह नाटक नज़र से नज़र मिलाकर दर्शक के साथ सीधे बातें करते हैं। इसलिए इन नाटकों की प्रस्तुति में अभिनेता की शारीरिक गतियाँ, ऊर्जा और प्रतिबद्ध हिस्सेदारी काफ़ी महत्त्वपूर्ण है।

समाज की कड़वी सच्चाइयों और हमारे मन की परतों-गुत्थियों को खोलते-खँगालते नुक्कड़ नाटकों का यह पहला संग्रह 'नुक्कड़ पर दस्तक' आपसे रूबरू है। इन नाटकों को बोलकर पढ़ेंगे तो ये ज़्यादा समझ में आयेंगे। ये नाटक हज़ारों बार खेले जा चुके हैं और लगातार रोज़ाना खेले जा रहे हैं। इन नाटकों को बनाने में मेरे अभिनेताओं का सबसे बड़ा योगदान है। इन अभिनेताओं ने बदलाव की नयी बयार और संघर्ष का परचम थाम, इन नाटकों को दिन-रात जिया और किया है। इन समर्पित और प्रतिबद्ध अस्मिता नाट्य समूह के अभिनेताओं को मेरा सलाम।

मेरी इस यात्रा में सबसे बड़ा योगदान मेरे बाबूजी स्व. श्री शिवनन्दन मास्टर जी का रहा है। उन्होंने मुझे कठिन हालात में भी आगे बढ़ने का हौसला और हिम्मत दी। मेरा परिवार मेरे साथ हर वक़्त खड़ा रहा। माँ श्रीमती सरस्वती देवी, बड़ी बहन शशिप्रभा, स्व. मिथिलेश, छोटी बहन डॉ. अनीता गौड़ पुष्करणा और भाई अनिल गौड़ ने हमेशा मेरे काम और सपनों को साकार करने में मदद की। जीवनसंगिनी डॉ. संगीता गौड़ ने अस्मिता थियेटर के नाटकों में संगीत देने के साथ-साथ मुझे और परिवार दोनों ही ज़िम्मेदारी को बखूबी निभाया। मेरी जुड़वाँ बेटियाँ काकोली गौड़ और सावेरी श्री गौड़ बचपन से ही नुक्कड़ नाटकों से जुड़ी हैं। ये किताब उनके लिए और आप जैसे हज़ारों-लाखों पाठकों के लिए, जिन्होंने मुझे संघर्ष का जज़्बा दिया, ताक़त दी।

ये नाटक बड़ी बातें नहीं करते, छोटी-छोटी मगर सीधी बात करते हैं। ऐसी बात जो हम, आप और सभी महसूस करते हैं, जानते हैं, समझते हैं, पर बोलते या कहते नहीं हैं। दोस्तो, जो आप जानते हैं वही इन नुक्कड़ नाटकों में है। इनमें ज़िन्दगी की साँसें हैं, मेरी, इसकी, उसकी, सबकी बातें हैं, पर उन बातों को

रेखांकित करने वाले ये नाटक आपके ही हैं, मैंने और मेरी टीम ने इन्हें किया है और आप तक पहुँचाया है।

जब हमारी सोच में बदलाव होगा, कथनी-करनी का अन्तर कम होगा, असहमति के बावजूद हम संवाद करेंगे, तभी बदलाव की बातें ज़मीनी हक़ीक़त बनेंगी, सपने साकार होंगे। यह संकलन उन लाखों दर्शकों और हज़ारों कलाकारों के लिए हैं, जो बदलाव में अटूट विश्वास रखते हैं।

परिवेश और रोज़मर्रा के सवालों के नाटक

पिछले एक दशक में दिल्ली और समूचे देश में जिस एक नाट्य-दल ने सर्वाधिक महत्त्वपूर्ण सक्रियता दिखाते हुए नुक्कड़ नाटक को एक बार फिर से सामाजिक-राजनीतिक प्रतिरोध की उसकी खोयी हुई ज़मीन वापस दिलायी है और इस आन्दोलन को देश के कोने-कोने में पहुँचाया है, वह है अस्मिता थियेटर ग्रुप। प्रसिद्ध रंगकर्मी अरविन्द गौड़ के नेतृत्व में अस्मिता ने सामाजिक-शैक्षणिक मुद्दों और युवाओं पर केन्द्रित अपने नये ढंग के नुक्कड़ नाटकों से एक नयी धारा का सूत्रपात किया है। ये नाटक विभिन्न जनान्दोलनों का हिस्सा बनने के अलावा स्कूलों-कॉलेजों और गली-मुहल्लों तक भी पहुँच रहे हैं और एक व्यापक बदलाव की पृष्ठभूमि तैयार कर रहे हैं। परम्परागत नुक्कड़ नाटकों से ये नाटक इस मायने में काफ़ी अलग हैं कि वे जनता के सामने किसी राजनीतिक दल की विचारधारा का प्रचार नहीं करते।

अरविन्द गौड़ भारतीय रंगमंच में अपने प्रखर राजनीतिक-सामाजिक सरोकारों, विभिन्न जनान्दोलनों में सक्रिय भागीदारी और समसामयिक ज्वलन्त विषयों पर दर्शकों से सीधा संवाद करने वाले अपने दर्जनों मंच एवं नुक्कड़ नाटकों की वजह से अलग से रेखांकित किये जाते रहे हैं। एक ऐसे दौर में जब रंगमंच का बहुत बड़ा हिस्सा सरकारी और कारपोरेट के अनुदानों पर आश्रित होकर अपनी वैचारिक धार और प्रासंगिकता खो चुका है, तथा दर्शकों से विमुख हो चुका है, अरविन्द गौड़ ने बिना सरकारी-गैरसरकारी अनुदान के, मात्र दर्शकों के बल पर रंगमंच का एक ऐसा जनमॉडल सफलतापूर्वक लागू करके दिखाया है, जो बेहद कम संसाधनों के उपयोग से लोगों को सोचने और संगठित होकर सामाजिक-राजनीतिक विषमताओं के ख़िलाफ़ आवाज़ उठाने के लिए प्रेरित करता है।

मंच के अलावा नुक्कड़ों पर भी अरविन्द गौड़ और उनके अस्मिता थियेटर ग्रुप की निरन्तर सक्रियता अचम्भे में डाल देती है। राजनीतिक दलों का प्रचार करने वाले तथा माल बेचने वाले सरकारी-गैरसरकारी नुक्कड़ नाटकों से अलग

अस्मिता थियेटर ने नुक्कड़ नाटकों का एक ऐसा स्वरूप निर्मित किया है, जो लोगों को सीधे उनके अपने परिवेश और रोज़मर्रा के सवालों से जोड़ता है और अन्याय के ख़िलाफ़ सार्थक हस्तक्षेप के लिए तैयार करता है। निर्भया आन्दोलन से लेकर किसानों के सवालों पर और भ्रष्टाचार के ख़िलाफ़ हाल के देशव्यापी आन्दोलनों को गति देने में अस्मिता थियेटर के नुक्कड़ नाटकों की भूमिका बेहद महत्त्वपूर्ण रही है। अरविन्द गौड़ के लिए नाटक मनोरंजन का, कलात्मक बाजीगरी दिखा कर लोगों की चेतना को भ्रमित करने का या अपने लिए सुविधाएँ जुटाने का नहीं, बल्कि समाज की स्थितियों को समझने और एक रंगकर्मी के तौर पर अपने सामाजिक दायित्व का निर्वहन करने का माध्यम रहा है। अस्मिता के नुक्कड़ नाटकों ने मध्यमवर्ग तथा निम्न मध्यमवर्ग के साथ-साथ मज़दूरों और किसानों के जीवन-संघर्षों को भी प्रमुखता दी है। अस्मिता का नाटक 'दस्तक' यौन हिंसा के ख़िलाफ़ लड़ने वालों के लिए 'मेनिफेस्टो' जैसा दर्जा हासिल कर चुका है। इसी प्रकार एलजीबीटी समुदाय के अधिकारों पर केन्द्रित नाटक 'पहचान' और रोजी-रोटी के लिए संघर्ष करने वाले लोगों के लिए 'आजीविका' जैसे अस्मिता के नुक्कड़ नाटकों ने अपनी ख़ास जगह बना ली है।

अस्मिता थियेटर के नुक्कड़ नाटकों ने सर्वाधिक गतिशील शहरी युवा वर्ग और छात्रों के बीच भारतीय समाज के बुनियादी अन्तर्विरोधों एवं मुद्दों के प्रति जागरूकता पैदा करने में महत्त्वपूर्ण भूमिका निभायी है और उन सामाजिक रूढ़ियों को कठघरे में खड़ा किया है, जो व्यक्ति और समाज के विकास की राह में रोड़ा बनते हैं। अस्मिता के नुक्कड़ नाटकों का शिल्प उनके कथ्य में निहित जीवन-सन्दर्भों से ही उपजता है और वे किसी पारम्परिक कथात्मक शैली का उपयोग करने के बदले जीवन को सामाजिक-राजनीतिक रूपान्तरण की प्रक्रियाओं के साथ प्रतिक्रिया के तौर पर ग्रहण करते हैं। अस्मिता के नुक्कड़ नाटकों की सबसे बड़ी विशेषता उनके संवादों की सहजता और संक्षिप्तता में है, और उन्हें परिष्कृत करने के बजाय स्वाभाविक बोलचाल की शैली में ही रखा जाता है। लोकजीवन के मुहावरे और उसकी गतिशीलता इन नाटकों को सीधे संवाद में बदल देती है और उनका प्रभाव तीखा हो जाता है। निश्चित तौर पर इन नाटकों ने समाज और मनुष्य के साथ सार्थक संवाद की एक नयी रंगभाषा को आकार दिया है और एक व्यापक बदलाव की रूपरेखा तैयार की है।

–राजेश चन्द्र

वरिष्ठ रंग-समीक्षक एवं सम्पादक, समकालीन रंगमंच

अनुक्रम

दस्तक

अरविन्द गौड़ की सक्रिय संस्था 'अस्मिता' का नुक्कड़ नाटक 'दस्तक' यौन हिंसा की सबसे आसान शिकार अबोध बच्चियों से जुड़ा एक दृश्य नाटक में रचता है। बच्ची को बिस्किट के लालच में घेरकर उससे बलात्कार किया जाता है। यह दृश्य अभिनेताओं की गोलाकार दीवार के भीतर घटित होता है। पर अप्रत्यक्ष रूप से भी अपराधी मासूम पर अपनी पकड़ बनाता दिखाई देता है।

घेरे के भीतर से लड़की के कपड़ों का लगातार फेंका जाना दर्शकों को जड़ कर देता है। यही नहीं नाटक में छेड़-छाड़ के एक दृश्य में 'तितली उड़ी, उड़ के चली, फूल ने कहा आ जा मेरे पास...।' यह फ़िल्मी गीत एक ताल से होता हुआ दुगुन और तिगुन में पहुँचता है। यही नहीं गीत का स्वर भी मधुर से कठोर और कठोर से कठोरतम होता जाता है। इस तरह यह दृश्य भी अपने ध्वनि प्रभाव से निर्ममता को पूरी भयावहता में दर्शकों के समक्ष रचता है।

डॉ. प्रज्ञा

सुप्रसिद्ध रंग चिन्तक व कथाकार, हिन्दी विभाग, किरोड़ीमल कॉलेज, दिल्ली विश्वविद्यालय

दस्तक

गीत-1

सुनो जी, सुनो जी, सुनो जी, सुनो जी,
सुनो जी, सुनो जी, सुनो जी, सुनो जी,
कथा हैं हमारी, हमारी कथा हैं,
कथा पुरानी, जो सबको पता हैं।
'फिर भी' *(केवल एक ही एक्टर बोलता है।)*
सुनो सुनो, सुनो सुनो, सुनो सुनो, सुनो सुनो,
सुनो भइया, सुनो रे बहना, सुनो सुनो, सुनो सुनो...

सूत्रधार संवाद-1

कथा हैं हमारी, जो सबको पता हैं पर सच तो ये है कि, ये कथा, अब हमारे लिए कथा नहीं रही। हम सब देखते हैं, सुनते हैं इग्नोर कर देते हैं। जानते हैं, समझते हैं, महसूस नहीं करते हैं, रिएक्ट नहीं करते हैं, बोलते तक नहीं हैं, आख़िर क्यों?

गीत-2

लड़की देखी मुँह से सीटी बजे हाथ से ताली,
लड़की देखी मुँह से सीटी बजे हाथ से ताली,
साला, आईला, उफ्फ माँ आई गो, पोरे आले-आले।
मैं खिलाड़ी तू अनाड़ी, मैं अनाड़ी, तू खिलाड़ी...

कट-टु-कट-1 (लघु दृश्य)

लड़की-1 : घूर क्यों रहे हो?

लड़का-1 : मैडम देखा ही तो है, इसमें कौन-सा क्राइम कर दिया?

लड़की-2 : ये क्या कर रहे हो, शर्म नहीं आती?

लड़का-2 : मैडम पीछा ही तो कर रहा हूँ, इसमें शर्म वाली कौन-सी बात?

लड़की-3 : यह क्या बदतमीज़ी है?

लड़का-3 : मुझसे क्या पूछती हो जानेमन, यह तो उस ख़ुदा से पूछो जिसने तुम्हें इतनी शिद्दत से बनाया है।

लड़की-4 : मेरा रास्ता क्यों रोका?

लड़का-4 : अजी आपने तो हमारी साँसें रोक दीं, हमने तो केवल रास्ता रोका है।

लड़की-5 : गाड़ी चलाते वक़्त लड़की को देखकर सीटी बजाते हो, कहीं कोई एक्सीडेंट हो जाता तो?

लड़का-5 : सीटी ही तो बजायी है। ''इसमें कौन-सा क्राइम कर दिया।''
(सीन परिवर्तन के लिए डफली/तालियाँ)

सूत्रधार संवाद-2

लोग देखते हैं, घूरते हैं, उसके बाद पूछते हैं, ''हमने कौन-सा क्राइम कर दिया'', अपनी आँखों से सामने वाले को नंगा कर देते हैं, उसके कपड़े उतार देते हैं, और फिर कहते हैं, ''देखा ही तो है'', सीटी बजाते हैं, गाना गाते हैं उसके बाद पूछते हैं, ''हमने कौन-सा अपराध कर दिया।''

गीत-3

टन टना टन टन टन टारा
टन टना टन टन टन टारा
चलती है क्या नौ से बारह
चलती है क्या नौ से बारह
टन टना टन टन टन टारा
टन टना टन टन टन टारा
चलती है क्या नौ से बारह
चलती है क्या नौ से बारह
एक बार से दिल नहीं भरता
मुड़ के देख मुझे दोबारा...
हेएएएय...
टन टना टन टन टन टारा,
टन टना टन टन टन टारा,
चलती है क्या नौ से बारह,
चलती है क्या?

कट-टु-कट-2 (लघु दृश्य)

(कुछ लड़कियाँ इधर-उधर घेरे में चलती हैं, उन पर बारी-बारी से कमेण्ट करते हैं।)

लड़का-1 : ऐ चलती है क्या?
लड़का-2 : ऐ चिंचीं, किसका इन्तज़ार कर रही है? चल आ बैठ मेरी
लड़का-3 : गाड़ी में तुझे जन्नत की सैर कराता हूँ!
लड़का-4 : बाप कसम क्या आइटम है यार!
लड़का-5 : टोटा है मेरी जान टोटा!
लड़का-6 : भाई, है भी तो मॉडल!
लड़का-7 : का मैडम love होगा का?
लड़का-8 : बोम्ब है यार!

लड़का-9 : तीखी मिर्ची, ऊपर से ले कर नीचे तक आग लगा दी!

लड़का-10 : ओये होए मेरी बिल्लो रानी!

लड़का-11 : क्या गरम मसाला है यार! चढ़ती जवानी!

लड़का-12 : क्या फिगर है जानेमन 36''-24''-36''

कट-टु-कट-3

लड़का-1 : ये दिल न होता बेचारा, क़दम न होते आवारा *(गाना गाते हुए लड़की का पीछा कर रहा है)*

लड़की-1 : शर्म नहीं आती, क़ब्र में पाँव लटके हैं और बेटी की उम्र की लड़कियों को छेड़ते हो?

लड़का-1 : अरी मोरी बिटिया, उम्र में क्या रखा है, अभी तो मैं...

कोरस : जवान हूँ।

लड़की-2 : घर में माँ-बहन नहीं है क्या?

लड़का-2 : घर में माँ भी है और दो बहनें भी हैं, लेकिन अपने घर की माँ और बहनों को कोई छेड़ता है क्या? और आज तो हम इसे...

कोरस : कह कर छेड़ेंगे।

लड़की-3 : हद होती है बदतमीज़ी की It's Too Much.

लड़का-3 : मैडम आप तो बुरा मान गयीं, गरम मसाला ही तो कहा है, और आप हो भी तो।

कोरस : गर्म मसाला।

लड़की-4 : अब परेशान किया तो पुलिस को फ़ोन कर दूँगी।

लड़का-4 : हमने कौन-सा अपराध कर दिया? आप हो ही इतनी ख़ूबसूरत, क्यों भाइयो, मैडम हैं भी तो।

कोरस : शकरकन्द।

लड़की-5 : सरम ना आवे मसखरी करण में?

लड़का-5 : अरे मैडम जी आवे तो सै, पर तणे देख के चली जाव सै।

लड़की-6 : शक्ल से तो तुम पढ़े-लिखे लगते हो, फिर ये छिछोरापन क्यों?

लड़का-6 : मैडम हम पढ़े-लिखों के दिल क्या पत्थर के होते हैं?

लड़की-7 : Behave Yourself You Bastard...

लड़का-7 : ओह तेरी...मैडम जी ने अंग्रेज़ी की तो टाँग ही तोड़ दी। एक मिनट, I Love U 2 जी...

कोरस : I Love U 2 जी...

सूत्रधार संवाद-3

सड़क हो या ऑफ़िस, बस या मेट्रो, कोई स्कूल की बच्ची हो या फिर कोई औरत, हर किसी को ऐसी स्थितियों का सामना करना पड़ता है। एब्यूज करने वाले कहीं अलग से नहीं आते। वो होते हैं हमारे और आप जैसे लोग। हमारे घरों से लेकर ऑफ़िस तक, मायके से लेकर ससुराल तक, स्कूल से लेकर कॉलेज तक हर जगह औरतों को हिंसा का शिकार होना पड़ता है, जिसका सबसे बड़ा माध्यम होता है उसका शरीर, जिसको टॉर्चर करके आदमी अपनी मर्दानगी साबित करने की कोशिश करता है। लड़कियों को पैदा होने से पहले मार देना क्या महिलाओं के ख़िलाफ अपराध (Crime Against Women) नहीं है? लड़कियों के ख़िलाफ़ इससे बड़ा अपराध और क्या हो सकता है कि उन्हें पैदा ही न होने दें।

कोरस : तेरे पेट में जो बच्चा है वो लड़की है...वो अभिशाप है। *(बायें हाथ की उँगली से बीच में खड़ी लड़की की तरफ़ संकेत करते हुए, घड़ी की विपरीत दिशा में सारे एक्टर वृत्त में घूमते हैं। 'तेरे पेट में जो बच्चा है वो अभिशाप है', को कई बार दोहराते हैं।)*

पति : मैंने तुमसे कितनी बार कहा है कि मुझे और मेरे परिवार को ये लड़की नहीं चाहिए, तुम्हें आज ही अबॉर्शन कराना होगा।

पत्नी : नहीं मैं अपनी बच्ची नहीं मारूँगी।

पति : अच्छा तो तू अपनी बच्ची को नहीं गिरवायेगी, अपने पति की बात नहीं मानेगी, तो मैं ही इसे ख़त्म किये देता हूँ।
(पत्नी की लात-घूँसों से पिटाई करता है।)
(कोरस दोनों घुटने झुका, कमर सीधी कर, हाथ बाँध, सीधे तनकर ऊँचे स्वर में गायत्री मन्त्र का आलाप करता है।)
ऊँ भूः भुर्वः स्वः तत्सवितुरेण्यं,
भर्गो देवस्य धीमहि धियो योनः प्रचोदयात्।।
(पत्नी के पीटने/रोने की आवाज़ें मन्त्र के बाद सिसकियों में बदल जाती हैं।)

गाना : गुड़िया रानी, बिटिया रानी,
परियों की नगरी से एक दिन राजकुँवर जी आयेंगे,
महलों में ले जायेंगे। गुड़िया रानी...
(गाना धीरे-धीरे में गुनगुनाहट में बदल जाता है।)

लड़की-1 : माँ मैं आपकी तरह गाना चाहती थी।

लड़की-2 : पापा मैं आपकी तरह बनना चाहती थी।

लड़की-3 : माँ मैं बड़ी होकर आपका सहारा बनना चाहती थी।

लड़की-4 : भईया मैं आपके साथ स्कूल जाना चाहती थी।

लड़की-5 : दीदी मैं आपकी अँगुली पकड़ चलना चाहती थी।

लड़की-6 : भइया मैं आपके साथ खेलना चाहती थी।

लड़की-7 : पापा मैं तो आपके कन्धों पर झूलना चाहती थी।

लड़की-8 : माँ मैं तो खुली हवा में साँस लेना चाहती थी।
(सब लड़कियाँ एक साथ सारे संवाद दोहराती हैं और उत्तरोत्तर आलाप बढ़ता है। गुड़िया रानी गाने का आलाप भी साथ-साथ चलता है।)

सूत्रधार : ऐसा समाज जहाँ लड़कियों को पैदा होने से पहले ही मार दिया जाता हो, ऐसा समाज जहाँ हर क़दम पर लड़कियों से भेदभाव किया जाता हो, स्कूल में, ऑफ़िस में, मायके

में, ससुराल में, घर में। ऐसा समाज जहाँ लड़कियों को दहेज के नाम पर जलाया जाता हो, डराया जाता हो। ऐसा समाज जहाँ लड़कियों के साथ खुलेआम छेड़खानी की जाती हो...

गीत-4

चढ़ती जवानी तेरी चाल मस्तानी,
तूने क़दर ना जानी रानी,
ओये रानी, ओये रानी...

दृश्य-1

लड़की : मैंने तुमसे कितनी बार कहा है कि मेरा पीछा मत किया करो।

लड़का : मेरी जानेमन, मैंने भी तो तुमसे कितनी बार कहा है, तुम हो ही इतनी ख़ूबसूरत कि मुझसे रहा ही नहीं जाता।

लड़की : मैंने तुम्हें कई बार इग्नोर किया है, और अब मेरी शादी होने वाली है, अगर अब मुझे तंग किया तो मैं अपने पेरेंट्स से कह दूँगी।

लड़का : इतनी छोटी-सी बात के लिए मम्मी-पापा के पास जाने की क्या ज़रूरत है? अच्छा तुम्हारी शादी होने वाली है ना, आओ तुम्हें और ख़ूबसूरत बना देता हूँ।

लड़की : हाथ छोड़ो मेरा...

लड़का : तुम्हारा परमानेंट मेकअप कर देता हूँ, इस 'तेज़ाब' से। *(बोतल से तेज़ाब फेंकता है, लड़की तड़पती हुई गिर जाती है।)*

कोरस : *(हाथ की उँगलियों से आँखें ढके हुए और अँगूठे से कान बन्द करते हैं।)*
हमने 'कुछ' नहीं देखा,
हमने कुछ 'नहीं' देखा,
हमने कुछ 'नहीं देखा'
(उत्तरोत्तर आलाप)

सूत्रधार संवाद-4

1. जब भी कोई लड़की किसी लड़के से बात नहीं करती या फिर उसका Offer Accept नहीं करती, या तो उसे गोली मार दी जाती है, या फिर उस पर तेज़ाब फेंक दिया जाता है। गोली मारना, तेज़ाब फेंकना, ब्लेड से काटना, पेट्रोल डाल ज़िन्दा जलाना आम हो चुका है। जिस दिन हमारे देश के बड़े-बड़े पुलिस ऑफ़िसर ये स्टेटमेण्ट देते हैं कि दिल्ली में महिलाओं के ख़िलाफ़ होने वाले अपराधों में कटौती हुई है, उसी दिन दिल्ली यूनिवर्सिटी की लड़की को खुलेआम गोली मार दी जाती है।
2. हमारे देश के कई बड़े नेता कहते हैं कि अगर लड़कियाँ अँधेरा होने के बाद घर से निकलेंगी तो छेड़खानी तो होगी ही, बलात्कार तो होगा ही। हमारे समाज के कुछ लोग कहते हैं कि लड़कियाँ छोटे कपड़े पहनती हैं, लड़कियाँ लड़कों को उकसाती है, इसलिए ये सब होता है। आप ही बताइए, सत्तर साल की बुढ़िया ने कौन-से कम कपड़े पहने थे? ढाई साल की लड़की ने किसे उकसाया कि उसके साथ बलात्कार हुआ। ऐसा क्यों है कि हम हर बार लड़कियों की अस्मिता पर ही सवाल उठाते हैं?
3. घर के अन्दर, मोहल्ले-गली में, बस में, मेट्रो में, मॉल में या किसी भी पब्लिक प्लेस पर, जब भी किसी महिला के साथ कोई यौन हिंसा हो रही होती है या कोई लड़का किसी लड़की को छेड़ रहा होता है, या उससे मज़े लेने की कोशिश कर रहा होता है, तो हम लोग अपनी आँखें क्यों फेर लेते हैं?
4. हम किसी लड़की या औरत पर कमेण्ट पास करने से पहले ये क्यों नहीं सोचते कि हमारे इस तरह के दुर्व्यवहार से, बदतमीज़ी से उनके दिलो-दिमाग़ पर क्या गुज़रती होगी।
5. क्या कभी छेड़ने वाले ने ये सोचा है कि उसका 1 मिनट का मनोरंजन किसी लड़की की मानसिकता पर इमोशनली और फिज़िकली क्या असर डालता है?

6. एक बार, सिर्फ़ एक बार ख़ुद को लड़कियों की जगह पर रख कर देखो, पता चल जायेगा कि कुछ ना कर पाने की कसक क्या होती है।
7. हम लड़कियों को फ्रीडम ऑफ़ स्पेस और फ्रीडम ऑफ़ मूमेण्ट देने को क्यों तैयार नहीं?
8. एक बार सोच कर तो देखिए कि आदमियों के इस तरह के व्यवहार से कितना टूटती, कितना सहमी और कितना डरती हैं लड़कियाँ।

गीत-5

दिल है छोटा-सा, छोटी-सी आशा, मस्ती भरे मन की भोली-सी आशा...
चाँद-तारों को छूने की आशा, आसमानों में उड़ने की आशा...
दिल है छोटा-सा, छोटी-सी आशा, मस्ती भरे मन की भोली-सी आशा...

(लड़कियाँ गाना गाते हुए पोशम पा खेलती हैं।)

गीत-6

पोशम पा, भई पोशम पा, लाल क़िले में क्या हुआ,
100 रुपये की घड़ी चुरायी, अब तो जेल में आना पड़ेगा,
जेल की रोटी खानी पड़ेगी, जेल का पानी पीना पड़ेगा,
अब तो जेल में आना पड़ेगा।
एक बार फिर से
पोशम पा, भई पोशम पा, लाल किले में क्या हुआ,
100 रुपये की घड़ी चुरायी, अब तो जेल में आना पड़ेगा,
जेल की रोटी खानी पड़ेगी, जेल का पानी पीना पड़ेगा,
अब तो जेल में आना पड़ेगा।

दृश्य-2

लड़का : छुटकी, इधर आ, देख मैं तेरे लिए क्या लाया हूँ।

लड़की : चॉकलेट।

लड़का : हाँ! तुझे बहुत पसन्द हैं ना।

लड़की : लेकिन ये तो छोटी वाली है।

लड़का : आज छोटी लाया हूँ, कल बड़ी वाली ले आऊँगा। ला मैं खिलाता हूँ। *(सारे एक्टर लड़की के चारों तरफ़ सँकरा घेरा बनाते हैं ताकि लड़की न दिखे, सिर्फ़ उसकी चीख़ने की आवाज़ें ही सुनायी दें।)*

लड़की : ये आप क्या कर रहे हो, छोड़ो भइया मुझे छोड़ो।

गीत-7

कोरस : तितली उड़ी, उड़ के चली... फूल ने कहा आज मेरे पास, तितली कहे चल हट बदमाश *(कोरस उच्च स्वर में गाना दोहराता हुआ उत्तरोत्तर आलाप करता है। डपली की आवाज़, गाना और चीख़ें आपस में घुलमिल जाती हैं, घुटनों के बल बैठता है। ख़ामोशी में सिर्फ़ लड़की की सिसकियाँ सुनायी देती हैं।)*

सूत्रधार संवाद-5

इस तरह की घटनाएँ रोज़ाना हम अख़बार में पढ़ते हैं और फिर भूल जाते हैं। पिछले साल दिल्ली में 588 बलात्कार के केस और 650 मोलेस्टेशन के केस रजिस्टर्ड किये गये। जिसका मतलब हर 13 घण्टे में एक रेप, और हर 15 घण्टे में एक मोलेस्टेशन सामने आया। गर्भवती महिला का डॉक्टर द्वारा बलात्कार। एक 6 साल की लड़की का चौकीदार द्वारा बलात्कार। एक रशियन युवती का नॉर्थ दिल्ली में गैंग रेप। *(यहाँ महिला यौन हिंसा के ताज़े आँकड़े जोड़े जा सकते*

हैं।) हम रोज़ाना इस तरह की घटनाएँ अख़बारों में पढ़ते हैं और अपने-अपने काम में लग जाते हैं और सोचते हैं कि कभी हमारे साथ ऐसा कुछ हो ही नहीं सकता। ढाई साल की बच्ची से लेकर अस्सी साल की बुढ़िया के साथ यौन हिंसा होती है। कौन है इसका ज़िम्मेदार? पुलिस? प्रशासन? सरकार? या हम सब?

सूत्रधार : द्वितीय विश्व युद्ध की एक कविता है–

"पहले वो मेरे शहर में आये, लोगों को मारने लगे, मैंने कुछ नहीं कहा,
फिर वो मेरे मोहल्ले में आये, मैं चुप रहा,
वो मेरी गली में आये, मैंने आँखें बन्द कर लीं,
जब वो मेरे घर में आये,
तब मुझे बचाने वाला कोई नहीं था।"

हमारी चुप्पी ऐसे अपराधों को बढ़ावा देती है। ज़रूरत है आगे बढ़ कर कुछ कहने की, आवाज़ उठाने की, रियेक्ट करने की, बोलने की, एक्शन लेने की।

अगर आपके घर, स्कूल, कॉलेज या कैम्पस में किसी भी लड़की के व्यवहार में कोई भी बदलाव आता है तो, उससे बात करें, उसे नज़रअन्दाज़ ना करें।

अगर आपकी बहन या दोस्त, या कोई भी कॉलेज में, घर के आसपास, कोई भी लड़की, किसी भी रिलेटिव, किसी भी पड़ोसी के बारे में कोई भी शिकायत करती है तो आप उसकी बात को सुनें, उसकी बात पर विश्वास करें, ना कि उसे नज़रअन्दाज़ कर दें।

अभिनेता-1 : फ़िज़िकल अब्यूज़ करने वाले कोई प्रोफ़ेशनल क्रिमिनल नहीं होते, वो कोई भी हो सकते हैं। हमारे दोस्त, पड़ोसी, रिश्तेदार, यहाँ तक कि हमारा भाई भी।

अभिनेता-2 : अपराध सहना और अपराध देखकर भी चुप रहना, अपने आप में एक सामाजिक और क़ानूनी अपराध है।

अभिनेता-3 : यदि आपके आसपास गली-मोहल्ले में, घर में, पड़ोस में,

कैम्पस में, कॉलेज में, कहीं भी लड़की या महिला के साथ छेड़खानी, मारपीट, प्रताड़ना, घरेलू या यौन हिंसा होती है तो यह मत सोचिए कौन क्या कहेगा या कौन क्या करेगा ख़ुद आगे बढ़िए, एक्शन लीजिए। पुलिस और स्थानीय लोगों को साथ में लेकर उनके मामले में दख़ल दीजिए। समाज के बन्द दरवाज़ों पर दस्तक दें।

अभिनेता-4 : हम लड़कियों को बहुत कुछ सिखाते हैं, दुपट्टा ऐसे ओढ़ो, ऐसे चलो, वैसे मत चलो, रात को अँधेरा होने के बाद घर से बाहर मत निकलो। अगर जाना ही पड़े तो भाई को साथ लेकर जाओ, ऐसे लोगों से बात करो, ऐसे लोगों से न दोस्ती करो। ये कर, वो कर, ऐसे उठ, ऐसे बैठ...हम अपने लड़कों को क्यों नहीं सिखाते, क्यों नहीं समझाते कि लड़कियों को इज़्ज़त, सम्मान और आज़ादी कैसे दी जाती है।

अभिनेता-5 : बेटी बचाओ, बेटी पढ़ाओ जैसे नारों से ज़्यादा ज़रूरी है कि बेटों को समझाओ। बेटे समझेंगे तो लड़कियाँ बच भी जायेंगी और फिर पढ़-लिखकर अपने माँ-बाप का सहारा भी बनेंगी। याद रखिए ये देश सिर्फ़ मर्दों के लिए आज़ाद नहीं हुआ था। संविधान ने सबको बराबर का हक़ और अधिकार दिया है। मर्द कौन होते हैं औरतों की आज़ादी को नियन्त्रित करने वाले?

अभिनेता-6 : शुरुआत हमें ख़ुद से करनी होगी। अपनी आँखें और कान खुले रखिए और समाज में छिपे इन सफ़ेदपोश भेड़ियों से सावधान रहिए। यह बात याद रखिए कि अगर किसी लड़की के साथ ऐसा होता है, तो इसकी ज़िम्मेदार वह लड़की नहीं होती उसके ज़िम्मेदार होते हैं आप और हम, जो अपनी आँखें और कान इसलिए बन्द कर लेते हैं कि कहीं कोर्ट-कचहरी या पुलिस स्टेशन के चक्कर न काटने पड़ें। नतीजा सबूतों के अभाव में अपराधी साफ़-साफ़ बच निकलता है और ऐसे में उसे और हौसला मिलता है नये अपराध करने का। क्या हम सब मिलकर समाज में

लड़कियों के लिए एक सुरक्षित माहौल नहीं बना सकते? शुरुआत हमें .खुद से करनी होगी।

सूत्रधार : हम क्यों अपनी आवाज़ उठाने के लिए दामिनी जैसे किसी हादसे का इन्तज़ार करते हैं। क्या हम सब मिलकर समाज में ऐसा माहौल नहीं बना सकते, जहाँ महिलाओं के प्रति हिंसा के बारे में सोचना भी अपने आप में एक अपराध है।

दस्तक दीजिए समाज के दिमाग़ पर, दस्तक दीजिए उसकी सोच पर, दस्तक दीजिए उनके ज़हन पर। हम नुक्कड़ नाटक से दस्तक दे रहे हैं। आप सब भी दस्तक दें और ये दस्तक आख़िरी दस्तक हो। बस बहुत हुआ अब और नहीं, महिलाओं के ख़िलाफ़ किसी भी तरह की हिंसा बस अब और नहीं। अब और मंजूर नहीं। (Its enough, no more crime against women, zero tolerence.)

(दर्शकों से)

और मंजूर है क्या?

मंजूर है क्या? बोलिए।

(दर्शकों के 'नहीं' के जवाब के बाद घेरे में लेटी लड़की उठती है और गाने की पहली पंक्ति बोलती है। फिर सभी अभिनेता गाना गाते हैं।)

गीत-8

तू ज़िन्दा है, तू ज़िन्दगी की जीत पर यक़ीन कर,
अगर कहीं है स्वर्ग तो, उतार ला ज़मीन पर,
तू ज़िन्दा है, तू ज़िन्दगी की जीत पर यक़ीन कर,
अगर कहीं है स्वर्ग तो... उतार ला ज़मीन पर,
तू ज़िन्दा है... तू ज़िन्दा है...
सुबह और शाम के रंगे हुए गगन को चूमकर,
तू सुन ज़मीन गा रही है कब से झूम-झूमकर,
तू आ मेरा सिंगार कर, तू आ मुझे हसीन कर!

अगर कहीं है स्वर्ग तो, उतार ला ज़मीन पर,
तू ज़िन्दा है... तू ज़िन्दा है...
ये ग़म के और चार दिन, सितम के और चार दिन,
ये दिन भी जायेंगे गुज़र, गुज़र गये हज़ार दिन,
कभी हो होगी इस चमन पर भी बहार की नज़र!
अगर कहीं है स्वर्ग तो, उतार ला ज़मीन पर,
तू ज़िन्दा है... तू ज़िन्दा है...

हमारे कारवाँ का मंज़िलों को इन्तज़ार है,
ये आँधियों, ये बिजलियों की पीठ पर सवार हैं,
तू आ क़दम मिला के चल, चलेंगे एक साथ हम,
अगर कहीं है स्वर्ग तो... उतार ला ज़मीन पर,

तू ज़िन्दा है तू ज़िन्दगी की जीत पर यक़ीन कर,
अगर कहीं है स्वर्ग तो... उतार ला ज़मीन पर,
तू ज़िन्दा है... तू ज़िन्दा है... तू ज़िन्दा है...
तू ज़िन्दा है... तू ज़िन्दा है... तू ज़िन्दा है...

(शैलेन्द्र के गीत की पंक्तियाँ)

(समाप्त)

मौसम

अरे रुक जा रे बन्दे, अरे थम जा रे बन्दे,
कि कुदरत हँस पड़ेगी हो...
अरे नींदें हैं ज़ख़्मी, अरे सपने हैं भूखे
कि कुदरत हँस पड़ेगी हो...
समय की लाल आँधी, क़ब्रिस्तान के रास्ते,
अरे लथपथ चलेगी हो...
अरे रुक जा रे बन्दे, अरे थम जा रे बन्दे-4

मौसम

गीत-1

देख ले ओ इनसान तूने क्या कर दिया-2
आकर तू देख ले इस नाटक में-2

क्या है तेरी ज़िम्मेदारी, क्या तूने की वफ़ादारी,
क्या तूने लूट लिया इस संसार से,
हो हो हो, हो हो हो, हो हो हो हो-4

देख ले ओ इनसान तूने क्या कर दिया-2
आकर तू देख ले इस नाटक में-2

क्या है तेरी ज़िम्मेदारी, क्या तूने की वफ़ादारी,
क्या तूने लूट लिया इस संसार से
हो हो हो, हो हो हो, हो हो हो हो-4

दृश्य-1

आदमी-1 : ये देख!

आदमी-2 : भाई कितना गन्दा पानी है, इस पानी को पीलिया हो गया है क्या?

आदमी-1 : यही पानी हम सबके घरों में आता है और इस पानी की वजह से मेरा ये हाल हो गया।

आदमी-2 : यार तू तो गंजा हो गया एकदम।

आदमी-1 : तेरे तो बहुत बाल हैं! तू कौन-सा पानी इस्तेमाल करता है?

आदमी-2 : मेरे घर में भी ऐसा ही पानी आता है लेकिन हम मिनरल वाटर का बड़ा वाला जार लेते हैं।

आदमी-1 : वो नब्बे रुपये वाला?

आदमी-2 : हाँ वही, मैं और मेरी बीवी उसी का पानी पीते हैं। उसी से नहाते हैं और उसी से धोते हैं और जिस दिन वो जार न आये न, मेरी बीवी नहाती ही नहीं।

आदमी-1 : धत-तेरे की।

आदमी-2 : क्या करें, बीवी के लिए इतना तो करना ही पड़ता है।

दृश्य-2

आदमी-1 : भाई अक्टूबर आ गया अभी तक मानसून नहीं आया और ऊपर से इतनी गर्मी।

आदमी-2 : लगता है इन्द्र देवता नाराज़ हो गये हैं। ख़ुद ही देख लो, कहीं बाढ़ आ रही है, कहीं सूखा पड़ रहा है, समझ नहीं आ रहा हो क्या रहा है।

आदमी-3 : भइया देखना दिसम्बर-जनवरी में बारिश होगी, बेमौसम।

आदमी-4 : पूरी दुनिया में कलयुग फैल गया है कलयुग और वह भी तुम जैसे पापियों की वजह से। कूड़ा-करकट तुम फैलाओ, पॉल्यूशन तुम करो, गन्दगी तुम फैलाओ...

आदमी-1 : अच्छा जी भाई साहब और जो आपकी 4-4 फैक्ट्रियाँ हैं उनका कूड़ा-कचरा कहाँ पर जाता है?

आदमी-4 : वहीं, जहाँ बाकी फैक्ट्रीज़ का जाता है। बोलो गंगा मैया की...

कोरस : जय...

आदमी-2 : बस इसलिए इन्द्र देवता नाराज़ हो गये हैं।

आदमी-4 : आपके कहने का मतलब है कि मेरे अकेले की फैक्ट्री की वजह से इन्द्र देवता नाराज़ हो गये हैं?

आदमी-3 : जी नहीं, हम सब की वजह से।

दृश्य-3

लड़की-1 : चलो-चलो शॉपिंग के लिए चलते हैं।

लड़की-2 : लेकिन आपको ख़रीदना क्या है?

लड़की-1 : मुझे चार-चार छाते ख़रीदने हैं।

लड़की-2 : आप छातों का क्या करोगी? बारिश तो इस बार हुई नहीं।

लड़की-1 : तुमने न्यूज़ नहीं देखी? कश्मीर में बाढ़ आ गयी है, बादल फटने की वजह से।

लड़की-2 : लेकिन बाढ़ में छाते भी क्या कर लेंगे?

लड़की-1 : तो एक काम करते हैं स्विमिंग कॉस्ट्यूम ले लेते हैं।

लड़की-2 : लेकिन मुझे स्विमिंग नहीं आती।

लड़की-1 : Don't Worry मेरे पास टायर ट्यूब भी हैं।

दृश्य-4

दोस्त-1 : अपने ऑफ़िस में ए.सी. क्यों नहीं लगवा लेते, इतनी गर्मी हो रही है।

दोस्त-2 : मैंने सुना है ए.सी. से गैस निकलती है उससे वो लेयर होती है ना... ओजोन लेयर, उसमें छेद हो जाता है।

दोस्त-1 : आपके एक ए.सी. की वजह से कोई छेद नहीं होने वाला। मेरे ऑफ़िस में छह-छह ए.सी. लगे हुए हैं। मेरी बीवी को तो सर्दी में भी ए.सी. चाहिए, ए.सी. चलाकर दो-दो कम्बल ओढ़कर सोती है वो।

दृश्य-5

दोस्त-1 : चलो-चलो वाटर पार्क चलते हैं।

दोस्त-2 : मेरी भी तो सुन लो कोई! वाटर-पार्क जाकर क्यों पैसा बर्बाद करते हो? दो दिन से लगातार बारिश हो रही है उससे पूरा शाहदरा स्विमिंग पूल बना हुआ है, वहीं चलते हैं।

दोस्त-3 : हाँ, मिण्टो ब्रिज का भी यही हाल है, पूरा डूबा हुआ है।

दोस्त-1 : एक बात बताओ ये 5-10 मिनट की बारिश से घुटने तक पानी भर जाता है इसकी वजह क्या है?

दोस्त-4 : वजह मैं बताता हूँ। कल जो आप मोमोज खा रहे थे, चटनी लगा-लगा कर उसकी प्लेट कहाँ फेंकी थी?

दोस्त-2 : वहीं रोड पर।

दोस्त-4 : और आप भाई साहब, दुकान से जो सामान लेते हो उसकी प्लास्टिक थैली और खाली डिब्बे कहाँ फेंकते हो?

दोस्त-3 : घर के सामने नाले में।

दोस्त-1 : आपने हम दोनों को तो गिनवा दिया और ख़ुद ये गुटका चबा रहे हो इसका पाउच कहाँ फेंकते हो? बोलो-बोलो...?

दोस्त-4 : मैं तुम लोगों से अलग थोड़ी हूँ, मैं भी वहीं फेंक देता हूँ, रास्ते में या नाली में।

दोस्त-2 : हाँ और यही थैली, डिब्बे और कचरा नालियों के रास्ते जाता है नालों में, सीवर में और ये कूड़ा-कचरा और प्लास्टिक उसकी निकासी रोक देते हैं। तभी तो थोड़ी-सी बारिश हुई नहीं कि पूरा शहर स्विमिंग पूल बन जाता है।

सूत्रधार संवाद-1

मौसम बदल रहा है। कभी बारिश होती है, कभी नहीं होती। कुदरत से छेड़-छाड़ करके हमने पूरे ऋतु-चक्र को उलट दिया है। बचपन में हम स्कूल में सीखते थे कि सर्दी के बाद गर्मी आती है, गर्मी के बाद बरसात आती है। लेकिन अब, सब कुछ बदल गया है। बसन्त में बारिश हो जाती है, गर्मी में ओले पड़ जाते हैं और यह सब कुछ इसलिए हो रहा है क्योंकि हमने प्रकृति का दोहन किया है, उसे लूट लिया अपने स्वार्थ के लिए, पैसे के लिए, विकास के लिए। विकास से हमारी अवधारणा क्या है? इसी अवधारणा के चलते हम ऐसी चीज़ें करते हैं जिसका असर पड़ता है हाशिए पर खड़े आख़िरी आदमी पर। योजना बनाने वाले और उससे लाभ उठाने वाले करोड़ों कमाते हैं और जल, जंगल, ज़मीन को विकास के नाम पर बर्बाद करते हैं।

गीत-2

बंजर-सी ज़मीन दूषित है हवा, पानी को भी हमने गन्दा कर दिया,
बंजर-सी ज़मीन दूषित है हवा, पानी को भी हमने गन्दा कर दिया,
मौसम बदल रहा है, यहाँ ये हो गया,
कभी तुम कहते हो, वहाँ वो हो गया,
मौसम बदल रहा है, यहाँ ये हो गया,
कभी तुम कहते हो, वहाँ वो हो गया,
बात समझ ले, समझ ले, बात समझ ले, समझ ले,
बात समझ ले, समझ ले, बात समझ ले, समझ ले!!!
जो भी होता है तू ही तो बीज होता है, जो भी होता है हम ही तो बीज बोते हैं।

दृश्य-6

एक : इतना परेशान क्यों लग रहा है?

दो : क्या बताऊँ, खेती करने के लिए मैंने अपना घर बेच दिया उससे जो पैसे आये उन पैसों को लेकर शहर गया और अच्छी फ़सल के लिए कीटनाशक दवाइयाँ लेकर आया लेकिन उससे भी कुछ फ़ायदा नहीं हुआ। बारिश तो समय पर आती नहीं।

तीन : सुन, तू ट्यूबवेल क्यों नहीं लगवा लेता?

दो : ट्यूबवेल लगवा तो लूँ लेकिन बिजली आये तब न और पानी का स्तर भी तो कितना नीचे चला गया है।

एक : तो क्या करेगा तू अब? और तेरे हाथ में ये छाले कैसे पड़ गये?

दो : मैंने सोच लिया है मैं भी जल्दी फ़सल उगाने के लिए बाकी किसानों की तरह ज़्यादा-से-ज़्यादा कीटनाशक डालूँगा अपनी फ़सल में।

तीन : पागल मत बन! भूल गया कमलेश को ये ही सब इस्तेमाल

करने की वजह से उसके हाथ गल गये थे और आर्थिक हालत भी ख़राब हो गयी थी, कर्ज़ा लिया, वक़्त पर नहीं दे पाया तो तंग आकर उसने आत्महत्या कर ली। ज़रा सोच अगर तुझे कुछ हो गया तो तेरे परिवार का क्या होगा? बच्चों का क्या होगा?

दो : लेकिन मैं करूँ तो करूँ क्या? कभी बाढ़ आ जाती है कभी सूखा पड़ जाता है, कभी तूफ़ान आ जाता है। अगर ये बारिश समय पर हो जाये तो हमारी आधी मुश्किलें हल हो जायें।

गीत-3

काले मेघा काले मेघा पानी तो बरसाओ,
काले मेघा काले मेघा पानी तो बरसाओ,
बिजली की तलवार नहीं बूँदों के बाण चलाओ,
बिजली की तलवार नहीं बूँदों के बाण चलाओ।

दृश्य-7

पति : आज भी एक भी मछली नहीं फँसी।

पत्नी : ऐसा कब तक चलेगा? घर में एक पैसा नहीं है। आज भी बच्चों को सिर्फ़ पानी पिला कर सुलाना पड़ा।

पति : मैं क्या करूँ? जब से नदी के किनारे वो प्लांट लगा है वो अपना सारा ज़हरीला कैमिकल पानी में बहा देते हैं, जिसकी वजह से सारी मछलियाँ मर गयीं।

पत्नी : तो आप नदी के दूसरी पार क्यों नहीं चले जाते?

पति : वहाँ भी यही हाल है। वहाँ भी उद्योगों की वजह से मछलियाँ ख़त्म हो गयी हैं और अगर किसी ने पकड़ लिया तो अलग मुसीबत। *(अपने भाई से)* भाई साहब हम दोनों आपके साथ आपके गाँव चलते हैं। हम जंगल में काम कर लेंगे कम-से-कम बच्चों को भूखा तो नहीं सुलाना पड़ेगा।

भाई : कौन से जंगल? कैसे जंगल? सरकार ने विकास के नाम पर सारे जंगल काट दिये, अब वहाँ कुछ नहीं बचा। जिन पेड़ों के सहारे हम रहते थे वो पेड़ ही नहीं रहे, जिन जानवरों

पर हम खाने, कपड़े और दूध के लिए निर्भर थे, वो जानवर नहीं रहे। हमारे खेत जला दिये, नदियाँ गन्दी कर दीं। अब वहाँ कुछ नहीं बचा छोटे, सिर्फ़ धुआँ है धुआँ, फैक्ट्रियों के कारखानों से निकलता हुआ धुआँ।

दृश्य-8

मज़दूर : डॉक्टर साहब, कल रात से मेरी आँखों में जलन हो रही है। हाथ पर भी लाल-लाल निशान पड़ गये हैं।

डॉक्टर : आप काम कहाँ करते हैं?

मज़दूर : यहीं पास में फैक्टरी बन रही है, मैं उसी में मज़दूर हूँ।

डॉक्टर : आपको धूप और धूल-मिट्टी की वजह से एलर्जी हो गयी है। आप बाहर जाते समय चश्मा नहीं लगाते?

मज़दूर : मैं एक मज़दूर हूँ डॉक्टर साहब। मैं चश्मा कहाँ से लगाऊँ?

डॉक्टर : ये दवाइयाँ ख़रीद लेना और बाहर निकलते वक़्त मोटे और पूरी बाँह के कपड़े और चश्मा पहनकर निकलना।

मज़दूर : डॉक्टर साहब मैं मज़दूर हूँ। बाहर निकलकर काम तो करना ही पड़ेगा और यह सब मैं कहाँ से लाऊँगा?

डॉक्टर : देखिए अगर आप यह सब नहीं करेंगे तो आपको स्किन कैंसर हो सकता है।

दृश्य-9

आदमी-1 : अरे सब भाग क्यों रहे हैं, क्या हो गया?

आदमी-2 : ऊपर पहाड़ पर बादल फट गया है। नदी में भयंकर बाढ़ आ गयी है। पानी सबको बहाता हुआ देखो कैसे प्रलय मचा रहा है। हम जैसे-तैसे जान बचाकर भागे और यहाँ तक पहुँचे हैं। तुम आगे मत जाना।

महिला : पर मेरा घर है वहाँ पर, मुझे अपने घर जाना है।

आदमी-3 : क्यों अपनी जान ख़तरे में डाल रही हो? कुछ नहीं बचा वहाँ खेत-खलिहान सब डूब चुके हैं, कुछ भी नहीं बचा वहाँ पर।

महिला : पर मेरा बच्चा घर पर मेरा इन्तज़ार कर रहा है! मुझे उसके पास जाना है।

आदमी-2 : अरे आगे मत जा! अरे कोई रोको इसे।

रिपोर्टर : जैसा कि आप देख सकते हैं उत्तराखण्ड के इस ज़िले में बादल फटने से आयी भयंकर बाढ़ से भीषण तबाही हुई है।

महिला : मेरा बच्चा मेरा इन्तज़ार कर रहा है। मुझे उसके पास जाने दो! मेरा बच्चा, मेरा बच्चा, मेरा बच्चा!!!
(औरत दहाड़ें मार-मार कर रोती है।)

सूत्रधार संवाद-2

मौसम के बदलने का लाखों लोगों की ज़िन्दगी पर प्रभाव पड़ रहा है। मौसम का बदलता चक्र, कभी सर्दी, कभी गर्मी, कभी बरसात, कभी अकाल, कभी बाढ़, कभी सूखा, पिघलते हुए ग्लेशियर, बढ़ती हुई ग्लोबल वार्मिंग, इन सब का असर पड़ता है हम सबकी ज़िन्दगी पर। पॉल्यूशन बढ़ रहा है, जल, ज़मीन और जंगल लगातार दूषित होते जा रहे हैं। खेती की ज़मीन ख़त्म हो रही है, सब्ज़ियों में कैमिकल आ रहा है, लोग बीमार पड़ रहे हैं।

सरकार और कॉर्पोरेट डेवलपमेण्ट के नाम पर एनवायरनमेण्ट को बर्बाद कर रहे हैं, नतीजा मौसम अपना असर दिखा रहा है। जम्मू-कश्मीर, उत्तराखण्ड, बिहार, उत्तर प्रदेश, तमिलनाडु, केरल और समुद्र किनारे के इलाकों में, हर जगह मौसम अपना असर दिखा रहा है। अमीर आदमी, ताक़तवर आदमी प्रकृति के संसाधनों का दोहन कर पर्यावरण को ख़राब कर रहा है। मरता कौन है? किसान, ग़रीब, आदिवासी, साधनविहीन आदमी जिसके पास पैसा

नहीं है। कभी सूखे से मरता है, कभी बाढ़ से मर जाता है, तो कभी कर्ज़ में डूबकर मर जाता है। विकास के नाम पर लाखों आदिवासियों को बेघर कर दिया जाता है। कारखानों के लिए उनकी ज़मीन ताकत के बल पर हथिया ली जाती है। इस कथित विकास का सीधा असर पड़ता है लोगों की ज़िन्दगी पर।

कुदरत के समीकरण बिगड़ने से पर्यावरण बर्बाद हो रहा है। कारखानों की ज़हरीली गैसें हमारी ज़िन्दगी तबाह कर रही हैं। जंगल ख़तम हो रहे हैं, कार्बन डाइऑक्साइड गैस लगातार बढ़ रही है, ओजोन लेयर पर भी असर पड़ रहा है। बेतुके विकास की अवधारणा ने शहरों में वाहनों की बेइन्तहा तादाद भी बढ़ा दी है। नतीजा ज़हरीली गैस हमारी सेहत को बर्बाद कर रही है।

फिलर्स

प्रश्न-1 : मैडम ये ज़हर हमने फैलाया है क्या? पेट्रोल, डीजल यूज ना करो, कोयला यूज ना करो तो गाड़ियाँ, ट्रेनें, कारखाने कैसे चलेंगे? और थोड़ी बहुत कार्बन डाइऑक्साइड हवा में मिल भी गयी तो इससे क्या अन्तर पड़ता है?

उत्तर : ज़्यादातर लोग यही कहते हैं कि क्या अन्तर पड़ता है पर कार्बन डाइऑक्साइड की मात्रा इतनी बढ़ गयी है कि ओजोन लेयर ख़त्म हो रही है। धीरे-धीरे उसमें छेद हो रहा है। मौसम बदल रहा है, खेती बर्बाद हो रही है, ज़िन्दगियाँ बर्बाद हो रही हैं। लाखों लोग सूखे की वजह से सुसाइड कर लेते हैं क्या वो असर नहीं है? पशु-पक्षी ग़ायब हो रहे हैं क्या वो असर नहीं है? हमारी हवा में, हमारे पानी में, हमारी ज़मीन में, हमारे शरीर में ज़हरीली गैसें फैल रही हैं क्या यह असर नहीं है? ये सब कुछ जानते हुए भी हम

लोग शुतुरमुर्ग की तरह रेत में अपना मुँह डाले पड़े हुए हैं।

प्रश्न-2 : खेत में अगर दवा न डालें, यूरिया न डालें, कीटनाशक न डालें, तो अच्छी फ़सल कैसे होगी? अपने बीवी-बच्चों का पेट भी तो पालना है।

उत्तर : करिए, पर इससे आपकी ज़मीन बंजर हो जायेगी। वहाँ कुछ नहीं उगेगा। यूरिया डालने की वजह से सब्ज़ियों में कैमिकल आ रहा है, लोग बीमार पड़ रहे हैं।

प्रश्न-3 : मैडम जी अगर बड़े-बड़े कारखाने नहीं लगायेंगे तो विकास कैसे होगा?

उत्तर : किसने रोका है कारखाने लगाने से? विकास करने से? लेकिन जहाँ खेती होती है वहाँ कारखाने मत लगाओ। वहाँ कारखाने लगाओगे तो पेड़ काटोगे, जंगल कटेगा तो ग्लोबल वार्मिंग होगी।

प्रश्न-4 : हमें क्या लेना ग्लोबल वार्मिंग से? अगर बाहर गर्मी पड़ती है तो मैं अपने घर में ए.सी. चला लूँगा। इससे कौन-सा मेरी भैंस की पूँछ उखड़ जायेगी? और अगर उखड़ भी गयी तो मैं अपनी भैंस को भी ए.सी. में बिठा लूँगा! मुझे क्या अन्तर पड़ता है?

उत्तर : ठीक कहा तुम्हें क्या फ़र्क़ पड़ता है? आज नहीं पड़ता, लेकिन कल पड़ेगा। रेगिस्तान में बर्फ़ पड़ रही है। कुछ साल पहले UAE में बर्फ़ पड़ी। ठीक है चला लो ए.सी. लेकिन याद रखना, रहना इसी दुनिया में है चाँद पर नहीं।

प्रश्न-5 : फलाँ के घर में 20-20 ए.सी. हैं तो लोगों को क्या फ़र्क़ पड़ता है? वे अपने स्विमिंग पूल का पानी रोज़ बदलते हैं। उनके घर में तीन-तीन गाड़ियाँ हैं, एक उनके लिए, एक उनकी बीवी के लिए और एक उनके कुत्ते के लिए...पैसा है तो ख़र्च तो करेंगे ही।

उत्तर : आप पैसा ख़र्च कर सकते हैं लेकिन नेचुरल रिसोर्सेस को ख़र्च करने का किसी को कोई हक़ नहीं बनता। आपके पास पैसा है इस्तेमाल कीजिए लेकिन नेचुरल रिसोर्सेस हम

सबके हैं। किसानों के हैं, दलितों के हैं, आदिवासियों के हैं, गाँव वालों के हैं, ग़रीबों के हैं, हम सब के हैं। उसे बर्बाद करने का किसी को कोई हक़ नहीं बनता। फ़र्क़ पड़ता है साधनविहीन लोगों को, फ़र्क़ पड़ता है उनको जिनके पास कुछ नहीं है। ज़्यादातर लोग ये समझते हैं कि गैस, तेल, कोयला बहुत सारा है, कभी ख़त्म नहीं होगा पर गैस कितने साल चलेगी? कोयला कितने साल चलेगा? पेट्रोल-डीजल कितने साल चलेगा? आने वाली पीढ़ियों को हम सब मिलकर अन्धे युग में धकेल रहे हैं। क्या चाहते हो, लोग पानी के लिए युद्ध करें, ऑक्सीजन के सिलेंडर साथ लेकर चलें, खाने के लिए एक-दूसरे को नोच डालें। कुदरत से खेलकर हम बर्बाद कर रहे हैं खुद को और आने वाली पीढ़ियों को।

प्रश्न-6 : मेरी फैक्ट्री है दवाइयों की। अब मैं अपनी फैक्ट्री का वेस्ट कहाँ डालूँगी? ये समुद्र बहुत बड़ा है वहाँ पर सब कुछ डाइल्यूट हो जाता है।

उत्तर : लाखों मछलियाँ मरती हैं, इस समुद्र के सहारे जीने वाले मछुआरे बेरोज़गार हो जाते हैं, पशु-पक्षी मर रहे हैं, ग़ायब हो रहे हैं क्योंकि हम समुद्र को पॉल्यूट कर रहे हैं, पेड़-पौधों को काट रहे हैं। आपको फ़र्क़ नहीं पड़ता क्योंकि आपको कारखानों से पैसा मिलता है। उनको फ़र्क़ पड़ता है जो बेज़ुबान हैं, वह जानवर जो बोल नहीं सकते।

प्रश्न-7 : हाइड्रो प्लाण्ट नहीं लगाएँगे तो बिजली कहाँ से पैदा होगी? अच्छे दिन अँधेरे में लायेंगे क्या? न्यूक्लियर प्लाण्ट लगाने की बात करते हैं तो आप शोर मचाते हैं, कारखाने लगाने की बात करते हैं तो आप शोर मचाते हैं, डेवलपमेण्ट की बात करते हैं तो आप शोर मचाते हैं। आप लोग देशद्रोही हो।

उत्तर : हम मुद्दों की बात करते हैं तो हम देशद्रोही हैं? किसान, मज़दूर या आदिवासी की ज़मीन की बात करते हैं तो हम देशद्रोही हैं? हम शोर इसलिए मचाते हैं क्योंकि आप लोग बहरे हैं। हम लोग शोर मचाते हैं उन लोगों को सुनाने के

लिए जो लोग सुनना नहीं चाहते। आपके न्यूक्लियर प्लाण्ट की वजह से कितने लोगों की ज़िन्दगी बर्बाद होती है, आप जानते भी हैं? क्यों हम सोलर प्लाण्ट नहीं लगा सकते? सोलर प्लाण्ट इतने महँगे क्यों हैं? वह लोगों की पहुँच से परे क्यों हैं? जितनी क़ीमत में न्यूक्लियर प्लाण्ट लगता है उतनी क़ीमत में हज़ारों विंडमिल लग सकते हैं जिससे करोड़ों लोगों को बिजली मिल सकती है। हम सब मिलकर इसे प्रोत्साहन क्यों नहीं देते? इस पर रिसर्च क्यों नहीं करते? जिस तेज़ी से क्लाइमेट चेंज हो रहा है क्या इस पर रिसर्च की ज़रूरत नहीं है? उसके लिए एक्शन लेना क्या हम सबकी ज़िम्मेदारी नहीं है? श्रीनगर में जो हुआ, उत्तराखण्ड, तमिलनाडु, केरल, भोपाल गैस काण्ड में जो हुआ, क्या यह सब चेतावनी नहीं है कि अब भी सँभल जाओ, अगली बारी तुम्हारी है। जिसे हम आज बर्बाद कर रहे हैं, जल्द ही वो हमारी पूरी सभ्यता को भी बर्बाद कर सकती है। वक़्त है सँभलने का, सोचने का, एक्शन लेने का।

अरे रुक जा रे बन्दे,
अरे थम जा रे बन्दे,
कि कुदरत हँस पड़ेगी

गीत-4

अरे रुक जा रे बन्दे, अरे थम जा रे बन्दे,
कि कुदरत हँस पड़ेगी हो...
अरे नींदें हैं ज़ख़्मी, अरे सपने हैं भूखे
कि कुदरत हँस पड़ेगी हो...
समय की लाल आँधी, क़ब्रिस्तान के रास्ते,
अरे लथपथ चलेगी हो...
अरे रुक जा रे बन्दे, अरे थम जा रे बन्दे-4

(समाप्त)

मर्द

मर्द कभी रोता नहीं
जी हाँ, मर्द कभी नहीं रोता।
मर्द हमेशा दूसरों को रुलाता है।

मर्द कभी झुकता नहीं,
मर्द कभी डरता नहीं,
अहसास कभी करता नहीं।
कहाँ से करेगा अहसास?
मर्द पत्थर होता है,
मर्द फ़ौलाद होता है।

मर्द का बच्चा है तो मर्दानगी दिखा
मर्द है घबरा मत, मर्द है तू रो मत,
मर्द है तो औरत को रुला
मर्द है तो, कमज़ोरी मत दिखा
कठोर बन लड़की को तू ताक़त दिखा
लड़की को मार, उसको पीट,
घर से बाहर निकलने की बात करे
तो अपने पैरों के नीचे रौंद डाल उसे।
मर्द है तो मर्द की तू शान दिखा-2

मर्द

गीत-1

एक बात बता दूँ आप से
नहीं डरता किसी के बाप से
जा मेरे नाम के बिल फाड़
जो उखाड़ना, उखाड़ ले

मैं तो सुपरमैन, सलमान का फ़ैन
जो लेवे पंगा कर दू माँ-बहन
मैं तो सुपरमैन
सलमान का फ़ैन
जो लेवे पंगा कर दूँ माँ-बहन
हे! दे दनादन देते हैं
सुन के हम नहीं लेते हैं
है कोई तो होगा अपने घर में वह नवाब
खर्चा-पानी माँगे जो
पूरी ख़ातिर करते हैं
खड़े-खड़े छुट्टे कर देते हैं सारे हिसाब

मैं तो सुपरमैन, सलमान का फ़ैन
जो लेवे पंगा कर दूँ माँ-बहन
मैं तो सुपरमैन
सलमान का फ़ैन
जो लेवे पंगा कर दूँ माँ-बहन

लघु दृश्य-1

1. बैट-बॉल

कोरस : हे छक्का!!

भाई : तू बहुत देर से बैटिंग कर रही है। अब मुझे बैट दे।

बहन : नहीं दूँगी, जा के बॉलिंग कर।

भाई : नहीं दीदी, अब मैं बैटिंग करूँगा।

बहन : मैं नहीं दूँगी।

भाई : नहीं दीदी बैट दो, मैं बैटिंग करूँगा।

बहन : तू ऐसे नहीं मानेगा? अभी बताती हूँ।
(उसको पीट देती है, भाई रोने लगता है)

माँ : क्या हुआ, रो क्यों रहा है?

भाई : दीदी ने मारा।

बहन : नहीं, मैंने नहीं मारा।

बाप : यह रो क्यों रहा है?

शाई : दीदी ने मारा।

बहन : नहीं, यह झूठ बोल रहा है।

बाप : लड़का हो कर बहन से पिट गया? चुप हो वरना मारूँगा एक।

2. गुड़िया

बहन : देखो मेरी गुड़िया!

भाई : मेरे पास भी गुड़िया है।

बहन : मेरी गुड़िया ज़्यादा अच्छी है।

भाई : नहीं मेरी गुड़िया ज़्यादा अच्छी है।

बहन : अच्छा चल घर-घर खेलते हैं।

भाई : चल।

बाप : बेटा क्या कर रहा है?

भाई : पापा घर-घर खेल रहा हूँ।

बाप : लड़का होकर लड़कियों वाले खेल खेल रहा है? और तू

इसे अपनी तरह लड़की बनाना चाहती है? मर्द है, मर्दों वाले खेल खेला कर। सीधा खड़ा हो।

3. लुगाई भाग गयी

दोस्त : क्या हुआ? उदास क्यों बैठा है?

पति : कुछ नहीं, बस ऐसे ही।

दोस्त : सुना है तेरी लुगाई भाग गयी? मर्द होकर एक लुगाई नहीं सँभाली गयी तुझसे!

4. बर्तन धो रहा है

दोस्त : तू बर्तन धो रहा है? भाभी कहाँ है?

पति : वह फैक्ट्री गयी है।

दोस्त : फैक्ट्री?

पति : हाँ। तुझे तो पता ही है, जब से नौकरी छूटी है काम कोई देता नहीं! अब घर चलाने के लिए किसी ना किसी को तो काम करना ही पड़ेगा।

दोस्त : मतलब, तू मर्द होकर औरत की कमाई खायेगा? तू मर्द है भी या नहीं? लानत है तुझ पर।

5. साइकिल

भाई : मम्मी, मैं स्कूल के लिए लेट हो रहा हूँ, साइकिल ले जा रहा हूँ।

बहन : मैं भी लेट हो रही हूँ, तेरे साथ चलती हूँ।

भाई : तुझे बैठा कर साइकिल चलाऊँगा? मुझसे ना चलेगी।

बहन : तो मैं साइकिल चला लूँगी, तू पीछे बैठ जा।

भाई : तेरे पीछे बैठूँगा तो स्कूल के सारे दोस्त मुझ पर हँसेंगे। लड़का होकर लड़की के पीछे बैठ गया।

6. गली नम्बर चार

दोस्त-1 : क्या हुआ? मुँह क्यों लटका रखा है?

दोस्त-2 : कुछ नहीं! वह गली नम्बर 4 में लड़की है ना? वह पतली-सी, 6 महीने से उसके पीछे झक मार रहा हूँ। भाव ही नहीं देती।

दोस्त-1 : तुझसे ना होगा! मेरी बात सुन, मर्द की तरह जा, उसका हाथ पकड़ और बोल दे 'आई लव यू!' मर्द बन मर्द।

7. सिगरेट

दोस्त-1 : यह ले, एक कश लगा।

दोस्त-2 : लगा ले! लगा ले!

दोस्त-3 : नहीं मैं सिगरेट नहीं पीता।

दोस्त-1 : तो शराब पी ले!

दोस्त-3 : नहीं, मैं शराब भी नहीं पीता।

दोस्त-2 : ना यह सिगरेट पीता है ना शराब। तू मर्द है भी या नहीं?

दोस्त-1 : यह ले, एक कश में पूरी सिगरेट ख़त्म कर दे और बन जा असली मर्द!

8. चिंटू की शादी

दोस्त-1 : अपने चिंटू की शादी को 3 साल हो गये लेकिन आज तक एक चिड़ी का बच्चा नहीं पैदा कर पाया।

दोस्त-2 : हो सकता है अभी मियाँ-बीवी को बच्चा ना चाहिए हो।

दोस्त-1 : उसके साथ वालों को देख! घर में पाँच-पाँच खेल रहे हैं! कोरस-पापा!!

दोस्त-2 : हो सकता है भाभी जी में कोई प्रॉब्लम हो।

दोस्त-1 : अगर असली मर्द होता तो एक बाँझ को क्यों पालता? दूसरी ब्याह कर ले आता। मैं तो कहता हूँ साला मर्द है ही नहीं।

सूत्रधार संवाद-1

मर्दों को लेकर इस तरह की बातें हमें अकसर अपने आसपास सुनायी देती हैं। मर्द ऐसा होता है! मर्द वैसा होता है! मर्द यह करता है, मर्द वह करता है, मर्द यह नहीं करता। मर्द

ऐसे कपड़े पहनता है, मर्द ऐसे कपड़े नहीं पहनता। मर्द को ऐसा होना चाहिए, मर्द को वैसा होना चाहिए, मर्द को रोना नहीं चाहिए।

बचपन से अगर किसी बच्चे को मर्द बनाना चाहते हो तो उसे सिखाओ कि मर्द रोते नहीं हैं, मर्द गुड़िया से नहीं खेलते, मर्द इमोशनल नहीं होते। कोई एक थप्पड़ मारे तो तू चार थप्पड़ मार। लड़का है ना तू? मर्द है ना? तो पिट के कैसे आ गया? मर्द है तो मर्दों वाले काम कर। औरत मत बन क्योंकि औरतें कमज़ोर होती हैं, हमेशा रोती रहती हैं। घर के काम में अपनी माँ की मदद मत करो क्योंकि यह काम तेरी बहन का है, तेरा नहीं।
अभी से सीख ले पट्ठे वरना शादी के बाद तेरी जोरू तेरी छाती पर बैठ कर मूँग दलेगी। जोरू का गुलाम बनना है क्या? मर्द है तो मर्द बन के दिखा!

गीत-2

कोरस : मर्द कभी रोता नहीं

सूत्रधार : जी हाँ, मर्द कभी नहीं रोता। मर्द हमेशा दूसरों को रुलाता है।

कोरस : मर्द कभी झुकता नहीं, मर्द कभी डरता नहीं, अहसास कभी करता नहीं।

सूत्रधार : कहाँ से करेगा अहसास? मर्द पत्थर होता है, मर्द फ़ौलाद होता है। रोता है तो लोग कहते हैं—

कोरस : लड़की है क्या बे? मर्द जैसा बन, औरत मत बन, बॉडी बना, डोले दिखा।
Gym तो चले जा पट्ठे, बॉडी भी बन जायेगी तेरी सलमान खान जैसी।
सीटी मार, चुन्नी खींच, छेड़खानी कर।

सूत्रधार : यह तो मर्दों का जन्मसिद्ध अधिकार है।

कोरस : लड़की देखी मुँह से सीटी *(कोरस–बजे हाथ से ताली)*
मर्द का बच्चा है तो मर्दानगी दिखा
मर्द है घबरा मत, मर्द है तू रो मत,
मर्द है तो औरत को रुला
मर्द है तो, कमज़ोरी मत दिखा
कठोर बन लड़की को तू ताक़त दिखा

सूत्रधार : लड़की को मार, उसको पीट, घर से बाहर निकलने की बात करे तो अपने पैरों के नीचे रौंद डाल उसे।

कोरस : मर्द है तो मर्द की तू शान दिखा-2

लघु-दृश्य

कोरस : *(सभी एक्टर गाते हुए एक साथ बोलते हैं)* बापू, बापू, बापू बापू, बापू

बेटा : बापू, कल मैं स्कूल नहीं जाऊँगा?

बाप : क्यों? क्या हुआ?

बेटा : सुमित और उसके सारे दोस्त मुझे मारते हैं।

बाप : और तू पिट कर आ जाता है? वह एक मारे तो तू चार मार के आया कर। बाकी तेरा बाप देख लेगा।

बेटा : ठीक है बापू, कल सालों के दाँत तोड़ कर आऊँगा।

कोरस : *(सभी एक्टर गाते हुए एक साथ बोलते हैं)* मूवी, मूवी, मूवी, मूवी, मूवी

दोस्त-1 : अच्छी फ़िल्म थी ना?

दोस्त-2 : हाँ, हीरोइन भी बड़ी हॉट थी।

दोस्त-3 : ओ रहने दे! पूरी फ़िल्म में पीछे बैठकर लड़कियों की तरह रो रहा था। वह कौन-सा गाना आया था?

कोरस : चन्ना मेरेया मेरेया, चन्ना मेरेया मेरेया, चन्ना मेरेया मेरेया...
ओ पिया ओ पिया

दोस्त-1 : अपनी माँ के साथ कपड़े सुखा रहा था।

दोस्त-2 : मम्मी की हेल्प करवा देता हूँ बस...

दोस्त-3 : अपनी दादी के साथ छत पर शीशियों में आम का अचार डलवाता है।

दोस्त-2 : दादी ने बोला था...

दोस्त-4 : मैंने परसों देखा था। इसकी बहन आगे-आगे झाड़ू लगा रही थी और भाई साहब पीछे-पीछे पोछा।

लड़की : 1 मिनट! कोई इसे अब कुछ नहीं बोलेगा! He is my darling!

कोरस : awww......

लड़की : मैं इसे बिन्दी और लिपस्टिक लगाना भी सिखा दूँगी। जनाना कहीं का!!

कोरस : *(सभी एक्टर गाते हुए एक साथ बोलते हैं)* गप्पू पास हो गया, गप्पू पास हो गया, गप्पू पास हो गया, गप्पू पास हो गया

बेटा : पापा, मैं पास हो गया!

बाप : शाबाश बेटा, कितने नम्बर आये?

बेटा : पूरे 36.3%! पूरे मोहल्ले में मिठाई बाँट दो!

बाप : इतने कम नम्बर लाकर कह रहा है मिठाई बँटवा दो। एक थप्पड़ पड़ेगा।

बेटा : पापा पास हो गया ना!

बाप : उल्लू के पट्ठे! तू लड़का है, तुझे बड़े होकर घर सँभालना है। लड़की होता तो दहेज देकर भेज देता। कल चलियो मेरे साथ साइकिल की दुकान पर और वहाँ बैठकर पंक्चर लगाइयो।

कोरस : *(सभी एक्टर गाते हुए एक साथ बोलते हैं)* डम्बल, डम्बल, डम्बल, डम्बल, डम्बल

दोस्त-1 : मर्द होकर यह 2 किलो के डम्बल उठा रहा है?

दोस्त-2 : बता कौन-सा उठाऊँ?

दोस्त-1 : असली मर्द है तो 25 किलो का डम्बल उठाकर दिखा।

दोस्त-2 : अभी ले!

कोरस : एक, दो, तीन...फिस्स

लड़की : तू हवा से डम्बल मार, हवा से!!

कोरस : *(सभी एक्टर गाते हुए एक साथ बोलते हैं)* गोरी-चिट्टी, गोरी-चिट्टी, चिकनी छोरी

बाप : देख बेटा तेरे लिए कितनी सुन्दर लड़की का रिश्ता आया है?

बेटा : पापा, मैंने आपसे कितनी बार कहा है कि मैं साँवली लड़की से शादी नहीं करूँगा। मुझे लड़की ऐसी चाहिए जो एकदम गोरी हो, चिकनी चमेली, कैटरीना कैफ।

बाप : बेटा साँवली है तो क्या हुआ? इतना दहेज भी तो दे रहे हैं।

बेटा : अच्छा? क्या दे रहे हैं दहेज में?

बाप : एक आल्टो गाड़ी और दिलशाद गार्डन में एक फ्लैट!

बेटा : उनसे कहो दिलशाद गार्डन में फ्लैट नहीं खान मार्केट में कोठी चाहिए और गाड़ी आल्टो नहीं ऑडी चाहिए। जितनी साँवली लड़की उतना ही ज़्यादा दहेज।

कोरस : *(सभी एक्टर गाते हुए एक साथ बोलते हैं)* जला दो, जला दो, जला दो, जला दो

आदमी-1 : हरामज़ादी! दूसरी जात के लौंडे के साथ भागेगी? हमारी जात में मर्द कम पड़ गये थे क्या?

आदमी-2 : और तू! तुझे मर्द बनने का बड़ा शौक़ है ना? आज तेरी सारी मर्दानगी निकालते हैं। जला दो सालों को!

गीत-3

हुड़ हुड़ मर्द मर्द मर्द मर्द-4
मैं हूँ मर्द जात

मारूँ मुक्का लात
औरत को दिखाऊँ औकात रे

हुड़ हुड़ मर्द मर्द मर्द मर्द-2

अपना दर्द छुपाऊँ रे
औरों को ख़ूब रुलाऊँ रे

हुड़ हुड़ मर्द मर्द मर्द मर्द-2

लुगाई जो हमरी ना सुने
तो पकड़ बाल दूँ लात रे
हुड़ हुड़ मर्द मर्द मर्द मर्द-2

लड़का हूँ, बाप का अपने पट्ठा हूँ
मर्दानगी अपनी दिखाऊँ रे

हुड़ हुड़ मर्द मर्द मर्द मर्द-4

दृश्य-1

(सब शराब पी रहे हैं)

दोस्त-1 : सुना है तेरी बीवी आजकल टैक्सी चलाती है?

पति : तो?

दोस्त-2 : मर्द होकर औरत की कमाई खायेगा?

दोस्त-3 : बीवी की कमाई खा-खा कर साँड़ हो रहा है।

दोस्त-4 : तुझसे ख़ुद तो कुछ काम होता नहीं और बीवी से टैक्सी चलवा रहा है?

दोस्त-5 : इसकी बीवी टैक्सी चलाती है! न जाने कहाँ-कहाँ जाती होगी, किस-किस से मिलती होगी और क्या-क्या करती होगी!

दोस्त-6 : इसकी बीवी टैक्सी चलाती है! पता नहीं कितनों को चढ़ाती होगी और कितनों को उतारती होगी!!

(लड़ाई-झगड़ा, सब : ओए छोड़ उसे...)

दोस्त-3 : छोड़ो उसे! ठीक ही तो कह रहा है। किसी फैक्ट्री में काम करवा लेता, किसी के घर में झाड़ू-पोछा करवा लेता। टैक्सी चलवाने की क्या ज़रूरत थी?

दोस्त-5 : पूरे मोहल्ले में बातें हो रही हैं कि तेरी बीवी टैक्सी चलाती है। नाक कटवा दी मर्द जात की।

(दृश्य परिवर्तन)

पति : सुन! तू कल से काम पर नहीं जायेगी।

पत्नी : हमने पहले भी तो इस बारे में बात की थी।

पति : मैंने कहा ना मुझे नहीं पसन्द कि घर की औरत बाहर जाये और काम करे।

पत्नी : तुम ख़ुद तो सारा दिन घर में शराब पीकर पड़े रहते हो। अगर मैं काम नहीं करूँगी तो घर का ख़र्चा कैसे चलेगा? बच्चों की स्कूल की फीस कैसे जमा होगी?

पति : तो तेरी कमाई खाऊँगा मैं? जोरू का गुलाम नहीं बनना मुझे! और वैसे भी तेरे बाप ने दहेज में ऐसा दिया ही क्या था? साली, सब पता है मुझे, टैक्सी के नाम पर किस-किस के साथ घूमती है।

पत्नी : मैं टैक्सी चलाना नहीं छोड़ूँगी।

पति : नहीं छोड़ेगी नहीं छोड़ेगी?

(पति, पत्नी को मारने लगता है)

सूत्रधार संवाद-2

शक़, तैश, गुस्से और सुनी-सुनायी बातों में आकर अपनी झूठी शान और झूठे रौब को दिखाने के लिए आदमी अपनी औरत को मारता है। अगर कोई उसकी मर्दानगी पर सवाल उठा दे तो बौखला जाता है। अगर एक औरत बाहर जाकर काम करना चाहती है, अपने पैरों पर खड़ा होना चाहती है

तो इससे मर्दानगी को दिक्कत क्यों होती है? इसे खानदान की इज़्ज़त के साथ क्यों जोड़ दिया जाता है?

आज के बदलते आर्थिक-सामाजिक माहौल में यह बहुत ज़रूरी है कि घर में औरत और मर्द दोनों काम करें। लड़की जब बाहर जाकर काम करेगी, अपने पैरों पर खड़ी होगी तो वह न सिर्फ़ अपने परिवार की स्थिति बेहतर कर पायेगी बल्कि दूसरी लड़कियों के लिए भी नये रास्ते खोलेगी।

दृश्य-2

बहन : भैया, एक लड़का मुझे रोज़ तंग करता है। कॉलेज जाती हूँ तो गन्दे-गन्दे कमेण्ट पास करता है।

भाई : तू घबरा मत! तेरा भाई है ना तेरे साथ। कल चल कर देखता हूँ साला कौन मर्द का पट्ठा है!

कोरस : आयी चिकनी चमेली छुप के अकेली पव्वा चढ़ा के आयी...

लड़का-1 : ओए होए; आज तो नये यार के साथ आयी है।

भाई : शर्म नहीं आती?!

लड़का-1 : तेरा माल है क्या?

भाई : साले बहन है मेरी!! *(थप्पड़ मार देता है)*

लड़का-1 : तुझे पता नहीं है तूने किस पर हाथ उठाया है। मर्द का बच्चा है तो यहीं रुक। तेरी टाँगों के बीच में कुछ है न तो यहीं रुक *(फ़ोन मिलाता है)* हैलो भैया! एक लड़के ने थप्पड़ मार दिया।

लड़का-2 : कहाँ पर?

लड़का-1 : यहीं कॉलेज के बाहर।

लड़का-2 : तू चिन्ता मत कर हम अभी आ रहे हैं!
(5-6 लड़के आ जाते हैं)

लड़का-2 : कहाँ पर है छोटे?

लड़का-1 : यह रहा भैया।

लड़का-2 : साले, बड़ा शौक़ है तुझे मर्द बनने का?
(दो-चार लड़के भाई को पकड़ लेते हैं और मारते हैं)

लड़का-1 : भैया इसकी बहन का 'सीन' इसी के सामने बना दूँ?

लड़का-2 : बना छोटे!

भाई : ओए छोड़ दे मेरी बहन को!
(बहन के साथ बलात्कार होता है)

लड़का-2 : चाकू निकाल! निकाल चाकू!! मार साले को!
(भाई को चाकू से मार देते हैं)

लड़का-2 : छोटे इसकी बहन ने सब कुछ देख लिया। मार इसे भी।

लड़का-1 : नहीं भैया, मेरा प्यार है!

लड़का-2 : साले अपने प्यार के चक्कर में हमें बन्द करवायेगा? मार इसे!!

लड़का-1 : भैया नहीं!
(बड़ा भाई, छोटे भाई का हाथ जबरदस्ती पकड़कर उससे लड़की को चाकू मरवाता है, लड़की तड़पकर मरती है।)
(छोटा भाई रोने लगता है)

लड़का-2 : रो ले-रो ले! तीन महीने पीछा किया था, तीन मिनट रोना तो बनता है।

सूत्रधार संवाद-3

इस तरह के हादसे हमें आये दिन अपने आसपास दिखायी देते हैं। यहाँ 14 से 15 साल के लड़के अपनी ताकत दिखाने के लिए मारपीट करते हैं, ख़ून करते हैं, यहाँ तक कि बलात्कार तक कर देते हैं और बिना जाने, बिना समझे ज़िन्दगी भर के लिए क्राइम की दुनिया का हिस्सा बन जाते हैं।

हमें नकली मर्द नहीं चाहिए, असली इनसान चाहिए। अकड़ू, दिखावटी, रूढ़िवादी मर्द नहीं बल्कि एक अच्छा मनुष्य चाहिए जो दर्द को महसूस करे, जो दूसरों को दर्द ना दे। जो औरतों को मारे ना, उन्हें रुलाये ना। जो उनको

बाहर निकल कर काम करने की आज़ादी दे, जो दूसरों को बराबरी का हक़ दे।

सूत्रधार संवाद-4

मर्द वह है जो औरत का साथी बने, उसका सहयोगी बने। जो अपना दर्द बाँट सके, अपनी ख़ुशियों को बाँट सके। कान में बाली पहनने से, कॉलर खड़े करने से कोई मर्द नहीं बनता। क्या औरत को मारना मर्दानगी है? अपने बेटों को, भाइयों को, दोस्तों को नकली मर्द मत बनाओ। उन्हें एक बेहतर इनसान बनाओ और इसकी शुरुआत हमें ख़ुद से करनी होगी, अपने घरों से करनी होगी, अपने मोहल्ले से करनी होगी।

तभी हम उस हिंसा को रोक पायेंगे जो घरों में पति-पत्नी के बीच में दिखती है, सड़कों पर छेड़खानी के रूप में, मोहल्ले में हो रही मारपीट के रूप में तो कभी यौन हिंसा के रूप में दिखती है। यह समझने की बहुत ज़रूरत है कि मर्द का भी दिल होता है। वह भी रो सकता है। उसको दबाकर, छिपाकर नकली मर्द बनने का मुखौटा मत पहनिए। उस मुखौटे को उतारिए तब ही समझ पायेंगे कि मर्द क्या होता है। ख़ुद को जान पायेंगे, अपने होने का अहसास कर पायेंगे।

मर्द वह है जो अपने हक़ के लिए लड़े, जो अन्याय, असमानता, शोषण के ख़िलाफ़ लड़े, जो जाति, सम्प्रदाय और धर्म के नाम पर बच्चों और औरतों को ना मारे, उनका बलात्कार ना करे।
जो सही बात के लिए खड़ा हो, ग़लत बात से लड़ने की ताक़त रखता हो, वही है असली मर्द, यही है असली मर्दानगी।

समापन गीत

पैरों की बेड़ियाँ, ख़्वाबों को बाँधे नहीं रे, कभी नहीं रे
मिट्टी की परतों को, नन्हे-से अंकुर भी चीरे, धीरे-धीरे
इरादे हरे-भरे, जिनके सीनों में घर करें,
वह दिल की सुने, करें, ना डरें, ना डरें
सुबह की किरणों को रोकें जो सलाखें हैं कहाँ
जो ख़यालों पे पहरे डालें वह आँखें हैं कहाँ
पर खुलने की देरी है परिन्दे उड़ कर चूमेंगे
आसमा आसमाँ आसमाँ...
आशाएँ खिलें दिल की, उम्मीदें हँसें दिल की
अब मुश्किल नहीं कुछ भी नहीं कुछ भी
आशाएँ खिलें दिल की, उम्मीदें हँसें दिल की
अब मुश्किल नहीं कुछ भी नहीं कुछ भी
तूफ़ानों को चीर के, मंज़िलों को छीन ले
आशाएँ खिलें दिल की, उम्मीदें हँसें दिल की
अब मुश्किल नहीं कुछ भी नहीं कुछ भी
आशाएँ खिलें दिल की, उम्मीदें हँसें दिल की
अब मुश्किल नहीं कुछ भी नहीं कुछ भी
आशाएँ खिलें दिल की, उम्मीदें हँसें दिल की
अब मुश्किल नहीं कुछ भी नहीं कुछ भी
आशाएँ खिलें दिल की, उम्मीदें हँसें दिल की
अब मुश्किल नहीं कुछ भी नहीं कुछ भी।

(मर्दानगी पर नाटक लिखने के लिए प्रेरित करने वाली सुप्रसिद्ध समाजसेवी कमला भसीन और आज़ाद फ़ाउण्डेशन का आभार)

(समाप्त)

कूड़ा-कचरा

हम जिस गली-मोहल्ले में रहते हैं क्या उसकी सफ़ाई की ज़िम्मेदारी हमारी नहीं है? जिन सीढ़ियों पर हम चढ़ते-उतरते हैं या पार्किंग स्पेस की सफ़ाई की ज़िम्मेदारी हमारी क्यों नहीं?

घरों की सफ़ाई की ज़िम्मेदारी भी सिर्फ़ औरतों की ही क्यों है? ऑफ़िस में भी हम सफ़ाई कर्मचारी या हाउसकीपिंग स्टाफ़ पर ही निर्भर क्यों हैं?

कूड़ा-कचरा

गीत-1

मेरी मर्ज़ी-2
मैं चाहे यहाँ फेंकूँ
मैं चाहे वहाँ फेंकूँ
मैं चाहे यहाँ थूकूँ
मैं चाहे वहाँ थूकूँ
मेरी मर्ज़ी-1
मैं बीच सड़क पर सुसु करूँ मेरी मर्ज़ी
मैं वातावरण दूषित करूँ मेरी मर्ज़ी
मैं बीच सड़क पर सुसु करूँ मेरी मर्ज़ी
मैं वातावरण दूषित करूँ मेरी मर्ज़ी
कहीं पर भी कूड़ा फेंकूँ
कहीं पे थूकूँ पान
दीवारों को गन्दा करके देश की बढ़ाऊँ शान
कहीं पर भी कूड़ा फेकूँ
कहीं पे थूकूँ पान
दीवारों को गन्दा कर के देश की बढ़ाऊँ शान
मेरी मर्ज़ी-2
चाय के कप टेबल पर छोड़ूँ मेरी मर्ज़ी
सिगरेट पी के पार्किंग में फेंकूँ मेरी मर्ज़ी
ऑफ़िस में काग़ज़ को फेंकूँ मेरी मर्ज़ी
बेसिन में खैनी को थूकूँ मेरी मर्ज़ी

दीवारों पर पीक मार के पेंटिंग बनाऊँ महान
टेबल पर कप छोड़ के ऑफ़िस की बढ़ाऊँ शान
मेरी मर्ज़ी-2

दृश्य-1

पहला दोस्त : चलो-चलो ऑफ़िस का टाइम ख़त्म और अपना टाइम शुरू।

दूसरा दोस्त : कौन-सा टाइम...?

पहला दोस्त : पार्टी करने का टाइम।

तीसरा दोस्त : आज तो मंगलवार है मुझे वैसे ही देर हो रही है और आज मैं गाड़ी भी नहीं लाया।

दूसरा दोस्त : पार्टी करोगे कहाँ...?

पहला दोस्त : अबे गाड़ी किस काम आयेगी गाड़ी में पार्टी करेंगे...बार इन द कार।

तीसरा दोस्त : देखो, मुझे बहुत देर हो रही है और मेरी बीवी मेरा घर पर इन्तज़ार कर रही है, मैं जा रहा हूँ।

दूसरा दोस्त : ऑफ़िस में फ़ाइलों के साथ चिपका रहता है, घर पर बीवी के साथ चिपका रहता है, साले कभी हमारे साथ भी पार्टी कर लिया कर।

पहला दोस्त : चलो-चलो पार्टी करते हैं बोतल खोल (टक-टक-टक cheers to life) —तीनों एक साथ+कोरस

तीसरा दोस्त : यार ये बोतल कहाँ फेंकूँ...?

पहला दोस्त : यही फेंक दें और कहाँ फेंकेगा...?

दूसरा दोस्त : यार कुछ खाने को नहीं है क्या..? बहुत भूख लगी है।

पहला दोस्त : ये ले पिज्जा खा और ऐश कर, पर सुन मेरी गाड़ी गन्दी नहीं होनी चाहिए।

तीसरा दोस्त : इसे कहाँ फेंकूँ...?

दूसरा दोस्त : अबे बाहर फेंक।

तीसरा दोस्त : पर यार बाहर तो बोर्ड लगा है स्वच्छता भारत अभियान का...?

पहला दोस्त : जब तक हम गन्दगी फैलाएँगे नहीं, यह स्वच्छ भारत अभियान चलेगा कैसे...? करोड़ों का बजट कैसे बनेगा?

गन्दगी फैलाएँगे तभी तो हमारे नेताओं को फ़ोटो सैशन का मौक़ा मिलेगा। तू फेंक इसे बाहर।

तीसरा दोस्त : फेंक दूँ...?

दूसरा दोस्त : अब फेंक भी।

कोरस : 1...2...3... और ये फेंक दिया...

दृश्य-2

कोरस : आलू पराँठा, गोभी पराँठा, मूली पराँठा, पनीर पराँठा-2।

लड़का : आलू पराँठा, गोभी पराँठा, पनीर पराँठा, शाही पनीर, पनीर पुलाव, मटर-पनीर, आलू-गोभी, बैंगन भरता, दाल मखनी, दाल-चावल...।

कस्टमर-1 : एक काम कर एक गिलास पानी ला।

लड़का : अभी लाया।

ढाबे का मालिक : यह सारा कूड़ा सामने वाले पार्क में फेंक दे।

लड़का : सामने कूड़ेदान में फेंक आऊँ...?

मालिक : जितना कहा जाये उतना ही कर, वरना दो लगेंगे कान के नीचे।

लड़का : ठीक है साहब।

कोरस : 1...2...3.. और ये फेंक दिया...

लड़का : यह लीजिए साहब, आपका पानी।

कस्टमर-1 : तेरे पानी में यह मक्खी क्या कर रही है...?

लड़का : ग़लती से आ गयी होगी साहब, लाइए बदल देता हूँ।

कस्टमर-1 : क्या मक्खी..?

लड़का : नहीं साहब पानी।

कस्टमर-2 : यह बता इतना कूड़ा फेंक रखा है ढाबे के सामने, तुम खाना बेचते हो या बीमारियाँ?

लड़का : क्या करें साहब मालिक जैसा कहता है वैसा करना पड़ता है।

कस्टमर-2 : प्याज छीले यही फेंक दिये, आलू छीले यहीं फेंक दिये, करते क्या हो तुम...?

लड़का : कहा ना साहब मालिक जैसा कहता है वैसा करना पड़ता है।

कस्टमर-1 : मालिक के बच्चे! तेरा मालिक कहेगा टावर से कूद जा तो तू कूद जायेगा।

लड़का : साहब क्यों खाली-पीली ग़ुस्सा कर रहे हो...?

कस्टमर-1 : अगर हम बीमार पड़ गये तो हॉस्पिटल का बिल क्या तेरा मालिक भरेगा...?

लड़का : साहब आपको खाना खाना है तो खाइए वरना जाइए।

कस्टमर-2 : हम यहाँ खाना नहीं खायेंगे, तुम लोग खाना नहीं बीमारियाँ बेच रहे हो, बीमारियाँ।

गीत-2

ओ खाई के-2
ओ खाई के पान बनारस वाला, खुल जाये बन्द अकल का ताला
ओ खाई के पान बनारस वाला, खुल जाये बन्द अकल का ताला

दृश्य-3

चौरसिया : पनवा खाई ले कि मनवा टीहाई ले-2
गोरे-गोरे मुखड़े पे छुट्टा नहीं है-2

तिवारी जी : वाह चौरसिया साहब, आप गाना तो बहुत बढ़िया गाते हैं।

चौरसिया : जी क्या करें...? आजकल पब्लिसिटी का ज़माना है ना थोड़ा-सा करना पड़ता है।

तिवारी जी : चलिए हमारा एक पान लगा दीजिए।

चौरसिया : यह लीजिए आपका मीठा पान।

मिश्रा जी : चौरसिया साहब ज़रा हमारी भी खैनी लगा दीजिए।

चौरसिया : ये लीजिए आपकी चैनी खैनी।

मिश्रा जी : अजी हमें भूल गये क्या?

चौरसिया : शर्मा जी आपको कैसे भूल सकते हैं आपका इतना उधार जो बाकी है।

शर्मा जी : आप भी क्या उधार की बातें करते हैं, ज़रा हमारा भी दीजिए ऊँचे लोग-ऊँची पसन्द।

चौरसिया : यह लीजिए आपका ऊँचे लोग-ऊँची पसन्द।

मिश्रा जी : अजी चौरसिया का पान और उनकी बातें दोनों एकदम हॉलीवुड स्टाइल।

चौरसिया : और शर्मा जी का उधार और उनका हेयर-स्टाइल एकदम बॉलीवुड स्टाइल।

मिश्रा जी : अच्छा चौरसिया पान तो खा लिया अब इसे थूकें कहाँ...?

शर्मा जी : अजी सड़क पर थूक दीजिए।

चौरसिया : अजी हमारी दुकान से ज़रा हटके...आज कल Cleanliness की Theory अपनानी पड़ती है।

मिश्रा जी : थूक दें...?

शर्मा जी : और क्या...?

मिश्रा जी : ठीक है।

कोरस : और ये थू... भारत माता की जय।

सूत्रधार संवाद-1

पान, गुटका, प्लास्टिक कचरा, दारू की बोतलें, फास्ट फूड के डिब्बे, कूड़ा-कचरा अपने घरों से निकालकर हम सड़क, चौराहे पर खुलेआम फेंक देते हैं। क्या गलियों और मोहल्ले की सफ़ाई की ज़िम्मेदारी हमारी नहीं है? अस्पताल हो, स्कूल हो, बस-स्टैण्ड हो, रेलवे स्टेशन हो, मार्केट हो, सब्ज़ी मण्डी हो या फिर ऑफ़िस हो यहाँ हम ही तो गन्दगी फैलाते हैं। और उम्मीद करते हैं कि कोई दूसरा आयेगा और उसे साफ़ करेगा? और फिर कहते हैं अरे भाई बड़ी गन्दगी है यहाँ तो...

गीत-3

ढल गया दिन, हो गयी शाम, जाने दो जाना है-2

दृश्य-4

लड़का : तुझे खेलना तो आता नहीं है जब देखो शटल कॉक इतनी दूर फेंक देती है।

लड़की : तुझे बड़ा खेलना आता है, बड़ा आया बैडमिण्टन चैम्पियन।

लड़का : तू बड़ी आयी साइना नेहवाल।

लड़की : अच्छा मैं बहुत थक गयी हूँ। एक काम करते हैं इस बेंच पर बैठते हैं।

लड़का : हाँ मैं भी थक गया हूँ। चल, बैठते हैं।

लड़की : च्युंगम चबाते-चबाते मेरा मुँह दर्द कर रहा है क्या करूँ, यहाँ फेंक दूँ...?

लड़का : एक काम कर, बेंच पर चिपका दे।

लड़की : चिपका दूँ...?

लड़का : चिपका दे, एकदम चौकस लगेगी! किसी को चिपकेगी तो मज़ा आयेगा।

कोरस : चिपक...चिपक...चिपका और ये चिपका

कोरस : चल चलें अपने घर ऐ मेरे हमसफ़र
चल चलें अपने घर, हमसफ़र।

पोता : दादा जी आप चलते-चलते बहुत थक गये होंगे, एक काम कीजिए इस बेंच पर बैठ जाइए।

दादा : हाँ, मैं सच में थक गया हूँ।

कोरस : चिपक...चिपक...चिपका और ये चिपक गया

दादा : हाय-हाय यह क्या लग गया। किस कमबख्त ने बेंच पर च्युंगम चिपका रखी थी।

दृश्य-5

पहला : भाई, यह चिप्स के खाली पैकेट और प्लास्टिक की बोतलें सड़क पर क्यों फेंक रहे हो...?

दूसरा : क्यों सड़क क्या तेरे बाप की है...?

पहला : मेरे बाप की तो नहीं है, क्या आपके बाप की है...?

दूसरा : हाँ है तो...?

पहला : तो भाई साहब, अपने बाप की सड़क को गन्दा क्यों कर रहे हो...?

दूसरा : चल भाग...निकल यहाँ से...तेरा सारा सोशल एक्टिविज़्म निकाल दूँगा...चल भाग।

दृश्य-6

(ग्राउण्ड फ्लोर)

पत्नी-1 : आज आपकी शर्ट बहुत चमक रही है।

पति-1 : मैंने ख़ुद धोयी है डिटर्जेंट से। आज ऑफ़िस में मीटिंग है...तुम देखना यह शर्ट पहनकर जब मैं ऑफ़िस जाऊँगा तो कैसे प्रमोशन मिलता है मुझे।

पत्नी-1 : मैंने कहा शर्ट चमक रही है आप नहीं।

पति-1 : हाँ हाँ...मैं भी शर्ट की ही बात कर रहा था।

(फर्स्ट फ्लोर)

पत्नी-2 : अजी सुनते हो! आज कूड़े वाली गाड़ी नहीं आयी।

पति-2 : आ तो गयी! अब तुम कहाँ चलीं?

पत्नी-2 : अब कूड़े वाली गाड़ी आयी है तो कूड़ा फेंकने तो ज़ाऊँगी ही।

पति-2 : तुम भी कमाल करती हो। जब तक तुम नीचे जाओगी कूड़े वाली गाड़ी चली जायेगी। यहीं से फेंक दो।

पत्नी-2 : यहीं से?

पत्नी-2 : हाँ, मैं बताता हूँ कैसे।

कोरस : एक, दो, तीन...और ये फेंक...

पत्नी-1 : ए आण्टी! यह क्या किया?

पत्नी-2 : मैंने नहीं फेंका, वह नीचे के फ्लोर वालों ने फेंका होगा।

पति-1 : आण्टी नीचे के फ्लोर पर तो मैं ही रहता हूँ। कूड़ा देख कर तो फेंका करो, कमीज़ सारी ख़राब कर दी।

सूत्रधार संवाद-2

हम अपने घरों को तो साफ़ रखते हैं और कूड़ा-कचरा बाहर फेंक कर अपनी ज़िम्मेदारी से निपट जाते हैं। गन्दगी के ढेर सड़कों पर, मुहल्ले में सड़ कर बदबू फैलाते हैं, मच्छर पैदा करते हैं, बीमारियाँ फैलाते हैं। बरसात के नाम से तो दिल्ली जैसे महानगर के लोग भी डर जाते हैं, दहशत में आ जाते हैं। सड़कों पर जाम लग जाता है, नालियाँ ब्लॉक हो जाती हैं, सड़कें तालाब बन जाती हैं जिससे फैलती हैं बीमारियाँ। जो कूड़ा हम अपने घरों से निकाल कर बाहर फेंकते हैं वो जाता कहाँ है? रिसाइक्लिंग कहाँ है? अगर हम बदलाव चाहते हैं तो शुरुआत हमें ख़ुद से करनी होगी, अपने आसपास से करनी होगी।

दृश्य-7

गीत-4

कोरस : चन्दा है तू, मेरा सूरज है तू, ओ मेरी आँखों का तारा है तू चन्दा है तू, मेरा सूरज है तू!

बच्चा-1 : मम्मी-मम्मी हम खेलने जायें?

मम्मी : हाँ बेटा जाओ और सुनो यह कूड़ा सामने वाले पार्क में फेंक देना।

बच्चा : ओके मम्मी।

कोरस : एक, दो, तीन...वह गया

बच्चा-1 : चलो-चलो क्रिकेट खेलने।

कोरस : हाँ चलो *(6-7 बच्चे आ जाते हैं)*

बच्चा-2 : पर पहली बैटिंग हम करेंगे!

दोस्त-1 : बैट तेरा है तो पहली बैटिंग तू करेगा?

दोस्त-2 : अच्छा जा खेल, तुझे पहली बॉल पर आउट करूँगा।

कोरस : एक, दो, तीन...और ये गया...आउट

बच्चा-1 : मेरे सिर में बहुत दर्द हो रहा है!

दोस्त-3 : तेरा रोज़ का यही नाटक है। जब भी आउट हो जाता है तो तेरे सिर में दर्द होने लगता है।

बच्चा-2 : नहीं इसके सिर में सच में दर्द हो रहा है।

दोस्त-1 : तू तो इसका भाई है, तू इसकी साइड लेगा ही।

दोस्त-2 : हमें नहीं खेलना तुम्हारे साथ!
(सब बच्चे चले जाते हैं)

कोरस : खेल ख़त्म पैसा हजम, चलो अब घर चलें।

बच्चा-1 : मम्मी देखो राहुल को क्या हो गया?

बच्चा-2 : सर में बहुत दर्द हो रहा है।

मम्मी : तू यहाँ बैठ मैं डॉक्टर को बुलाकर लाती हूँ।

मम्मी : डॉक्टर साहब देखिए ना मेरे बच्चे को क्या हो रहा है!

डॉक्टर : आपके बेटे को jaundice यानी पीलिया हो गया है।

मम्मी : यह कैसे हो सकता है?

डॉक्टर : यह गन्दे पानी और दूषित वातावरण की वजह से होता है। मैं कुछ दवाइयाँ लिख कर दे रहा हूँ, समय-समय पर देते रहिएगा।
(डॉक्टर जाता है, कुछ देर बाद लड़का मूर्छित हो जाता है)

बच्चा-1 : मम्मी देखो इसे क्या हो रहा है?

मम्मी : मुन्ना! मुन्ना! मुन्ना!!
(लड़का मर जाता है)

पापा : मैंने तुमसे कितनी बार कहा था कि उसे वहाँ कूड़ा फेंकने मत भेजा करो!!!

पापा : मुन्ना! मुन्ना! मुन्ना उठ ना मुन्ना!!
(सभी रोने लगते हैं)

कोरस : चन्दा है तू, मेरा सूरज है तू, ओ मेरी आँखों का तारा है तू...

सूत्रधार संवाद-3

हज़ारों बच्चे हर साल गन्दगी से पैदा हुई बीमारियों की वजह से मारे जाते हैं और दूसरी तरफ़ वह ग़रीब बच्चे जो हमारे घरों से निकली गन्दगी से कूड़ा बीनकर अपनी ज़िन्दगी चलाते हैं, लाइलाज बीमारियों का शिकार होते हैं।

हम जिस गली, मोहल्ले में रहते हैं क्या उसकी सफ़ाई की ज़िम्मेदारी हमारी नहीं है? जिन सीढ़ियों पर हम चढ़ते उतरते हैं या पार्किंग स्पेस की सफ़ाई की ज़िम्मेदारी हमारी क्यों नहीं? एक और सवाल कि घरों की सफ़ाई की ज़िम्मेदारी भी सिर्फ़ औरतों की ही क्यों है? ऑफ़िस में भी हम सफ़ाई कर्मचारी या हाउसकीपिंग स्टाफ पर ही निर्भर क्यों हैं?

जब गन्दगी फैलाते हम हैं तो क्यों उम्मीद करते हैं कि कोई दूसरा आयेगा और उसे साफ़ करेगा? हम ख़ुद क्यों नहीं करते? हम ख़ुद आगे बढ़ के शुरुआत क्यों नहीं करते? अगर हम सफ़ाई चाहते हैं तो सबसे पहला बदलाव हमें अपनी दूषित मानसिकता में लाना होगा और तभी होगा साफ़-सुथरा समाज।

समापन गीत

आदतों को चेंज करो, गन्दगी मत फेंका करो
अपनी मानसिकता को बदलो, ख़ुद से तुम शुरुआत करो
आदतों को चेंज करो, गन्दगी मत फेंका करो
अपनी मानसिकता को बदलो, ख़ुद से तुम शुरुआत करो

गन्दगी घर-घर में है, गन्दगी दफ़्तर में है
गन्दगी मोहल्ले में है, गन्दगी हमारी वजह से है
इस गन्दगी को साफ़ करो, सफ़ाई हमारे हक़ में है
अपने ज़ेहन को साफ़ करो
ये करेगा, वो करेगा ऐसा मत सोचा करो

गन्दगी से बीमारी है, सफ़ाई से बेहतर बनो
waste मत फेंका करो, कूड़े को recycle करो
आदतों को चेंज करो, गन्दगी मत फेंका करो
अपनी मानसिकता को बदलो, ख़ुद से तुम शुरुआत करो
ख़ुद से तुम शुरुआत करो।

(समाप्त)

बुढ़ापा

यह दुनिया का मेला देखो,
यह दुनिया का मेला
रह गया तू अकेला देखो,
रह गया तू अकेला
तूने जिसको पाला,
उसने ही घर से निकाला
जिसको अपने ख़ून से सींचा,
उसने ही कॉलर खींचा
छाती से जिसको लगाया,
उसने ही हाथ उठाया
कहते थे जिसको बेटा,
आज मुँह फेर लेता
यह दुनिया का मेला देखो,
यह दुनिया का मेला
रह गया तू अकेला देखो,
रह गया तू अकेला

बुढ़ापा

गीत

कोरस : सुन ले ज़रा तू, सुन ज़रा-4

अभिनेता : क्या गा रहे हो यार...? थोड़ा ढंग से गाओ...थोड़ा एनर्जी से गाओ...थोड़ा पेस बढ़ाओ

कोरस : तो लो सुन लो

गीत-1

सुन लो, सुन लो, सुन लो
सुन लो, सुन लो, सुन लो
बात पते की कहने आयी नुक्कड़ पार्टी सुन लो,
बात पते की कहने आयी नुक्कड़ पार्टी सुन लो
सुन लो, सुन लो, सुन लो,
सुन लो, सुन लो, सुन लो...

अभिनेता : बाबू जी बहुत ग़लत हो रहा है।

कोरस : क्या ग़लत हो रहा है

अभिनेता : लो देखो।

कोरस : देखो...देखो...देखो...देखो...देखो...देखो

अभिनेता : क्या देखें? जिन्हें देखना सिखाया था आज वही आँखें दिखा रहे हैं अब कुछ तो बोलो...

कोरस : बोलो...बोलो...बोलो...बोलो...बोलो...बोलो...

अभिनेता : क्या बोलें...? जिन्हें "क" से कबूतर बोलना सिखाया था आज वही बोलते हैं...

कोरस : "कौन है बे तू"....?

अभिनेता : लो सुन लो।

कोरस : सुन लो, सुन लो, सुन लो, सुन लो, सुन लो, सुन लो

1. ट्रैफ़िक जाम

कोरस : पों... पों... पों... साइड हटो... पों... पों... पों...

अभिनेता : यार इन बुड्ढों को गाड़ी कौन दे देता है सारा का सारा रास्ता जाम कर देते हैं।

2. पार्क में क्रिकेट खेलना

पहला लड़का : कल तूने मेरी छह बॉल पर चार छक्के मारे थे ना आज देख तुझे पहली बॉल पर ही बोल्ड कर दूँगा।

दूसरा लड़का : आज तेरी छह बॉल पर छह छक्के ना मारे ना तो मेरा नाम बदल दियो...चल तू किल्ली गाड़...।

कोरस : हा हा हा हा हा हा हा हा हा हा हा हा *(बूढ़े योगा करते हुए गहरी साँस ले रहे हैं।)*

तीसरा लड़का : अबे किल्ली गाड़ें कहाँ...? जब देखो तब यह बुड्ढे पार्क में योगा करते हैं या पंचायत लगाकर बैठ जाते हैं और हमें खेलने भी नहीं देते।

3. मेट्रो

नौजवान : अरे साइड हो जाओ, देख नहीं रहे हो पुरानी इमारत आ रही है पुरातत्व विभाग की।

बूढ़ा : बेटा ज़रा सीट देना।

नौजवान : अंकल जी आपको दिखाई नहीं देता मेरे पास कितने सारे बैग हैं।

बूढ़ा : पर बेटा ऊपर लिखा है सीनियर सिटीजन की सीट है।

नौजवान : ऊपर लिखा है ना तो ऊपर जाकर बैठ जाओ।

4. बस का सीन

बुढ़िया : बेटा ज़रा बस रोकना...बेटा ज़रा बस रोकना।

कण्डक्टर : माता जी जब बस में चढ़ना नहीं आता तो घर से निकलती क्यों हो...?

5. अस्पताल छोड़ना

माँ : बेटा मुझे अस्पताल छोड़ दे।

बेटा : मेरी ऑफ़िस में मीटिंग है मैं नहीं ले जा सकता।

6. पैसे देना

बाप : बेटा मुझे कुछ पैसे दे दे...

बेटा : पापा अभी पिछले महीने ही तो 50 रुपये दिये थे, और वैसे भी पैसों का करोगे क्या...? मुफ़्त की रोटी तो तोड़ ही रहे हो...!

7. खर्राटे वाला

दादा : खर्राटे... खर्राटे!

पोता : दादा जी, आप सोते वक़्त खर्राटे बहुत लेते हो, ऐसा करो आप अपना बिस्तर बाहर लगा लिया करो, ना ख़ुद सोते हो ना मुझे सोने देते हो...!

8. एग्ज़ाम

बेटा : मम्मी, मेरे एग्ज़ाम आ रहे हैं मुझे मेरा सेपरेट रूम चाहिए!

मम्मी : सुनो जी, हमारा बेटा अब बड़ा हो गया है उसे सेपरेट रूम चाहिए। एक काम करो अपनी माँ से कहो कि अपना रूम खाली कर दें।

पापा : माँ कहाँ रहेंगी...?

मम्मी : वह सर्वेण्ट क्वार्टर में रह लेंगी।

पापा : तो सर्वेण्ट कहाँ रहेगा...?

मम्मी : उसे रहने के लिए कितनी जगह चाहिए, कहीं भी बिस्तर डालकर सो जायेगा।

9. टीवी देखना

पोता : दद्दू रिमोट दो मुझे MTV रोडीज़ देखना है...।

दादा : बेटा मैं न्यूज़ देख रहा हूँ...।

पोता : दद्दू न्यूज़ देख कर क्या करोगे...? कल सुबह न्यूज़पेपर में आयेगा ढंग से पढ़ लेना।

10. घर में पार्टी

पत्नी : सुनो जी, कल घर में पार्टी है मेरी सारी सहेलियाँ आ रही हैं। अपनी माँ से कहना ऊपर ही रहें, मैं उनके लिए खाना भिजवा दूँगी।

पति : पर क्यों?

पत्नी : माँ बहुत ही डाउन मार्केट हैं मेरी सारी सहेलियों को कहानियाँ सुना-सुनाकर बोर कर देती हैं...और उनसे बदबू भी आती है।

पति : ठीक है कह दूँगा डार्लिंग...

11. चार मंज़िला इमारत

बेटा : पापा मैं सोच रहा था इस मकान को तुड़वाकर चार मंज़िला इमारत बनवा लेते हैं। हमारी फैमिली बहुत बढ़ रही है और यह घर बहुत छोटा है।

बाप : पर बेटा इतने पैसे कहाँ से आयेंगे...?

बेटा : पैसों का क्या है पापा। बिल्डर को दे देंगे चार मंज़िला बनायेगा एक मंज़िल वह ख़ुद रख लेगा और बाक़ी हम तीनों भाई आपस में बाँट लेंगे...!

बाप : और बेटा मैं कहाँ रहूँगा?

बेटा : आपको रहने के लिए कितनी जगह चाहिए? पार्किंग में खाट बिछा कर सो जाना...और वह जो आपके पीएफ के पैसे हैं, उन्हें क्या छाती पर रखकर ले जाओगे...? उन्हें भी हम तीनों भाइयों में बाँट दो...सिकन्दर महान का नाम सुना है...? पता है जब वो इस दुनिया से गया था तो कैसे गया था?

बाप : कैसे...?

कोरस : खाली हाथ...

12. रोटी

बहू : पापा यह रोटी क्यों छोड़ दी?

ससुर : सब्ज़ी में तेल बहुत है...और मिर्च भी बहुत है...तू एक काम कर मुझे थोड़ा-सा दूध दे दे, मैं दूध में रोटी चूर कर खा लूँगा..!

बहू : मेरे माँ-बाप ने तो कभी इतने नखरे नहीं किये...? और क्या कहा दूध...? पता भी है दूध कितने रुपये किलो है...? 56 रुपये किलो है...56 रुपये किलो...अगर दूध पीने का इतना ही शौक़ है तो अपने बेटे से कहो कि चार भैंसें बाँध दे...वही दूध पीते रहना और उपले पाथते रहना।

सूत्रधार संवाद-1

ऐसी सैकड़ों कहानियाँ हैं, बुढ़ापे के बदकिस्मत हालात की, हक़ीक़त की, कड़वी पर सच्ची..! जिनको पाला-पोसा बड़ा किया, अपना तन दिया, मन दिया, धन भी दिया वही बेगाने क्यों हो जाते हैं...? जब सबसे ज़्यादा ज़रूरत होती है तब भी रोता क्यों छोड़ देते हैं...?

गीत-2

ल ल ल लाला, ल ल ल लाला ला ला ला-3
ल ल ल लाला, ल ल ल लाला ला ला ला-3
जिसे बनाया मेरे पिता के श्रम जल ने
जिसे बनाया मेरे पिता के श्रम जल ने
ल ल ल लाला, ल ल ल लाला ला ला ला
दादी की हसली ने, माँ की पायल ने,
दादी की हसली ने, माँ की पायल ने
ल ल लाला, ल ल लाला ला ला ला
उस कच्चे घर की बूढ़ी दीवारों पर
उस कच्चे घर की बूढ़ी दीवारों पर
ल ल ल लाला, ल ल ल लाला ला ला ला-2
(कोरस घुटनों के बल नीचे गिरता है और सिर झुका रहता है...बीट...)
मेरी टाई टँगने से कतराती है।
ल ल ल लाला, ल ल ल लाला ला ला ला-4

दृश्य-1

अभिनेता-1 : वह देख कूड़े में क्या हिल रहा है...?

अभिनेता-2 : कोई जानवर होगा...!

अभिनेता-3 : नहीं...यह तो कोई बूढ़ी औरत है...

अभिनेता-4 : उमर क्या होगी...?

अभिनेता-1 : कम से कम 80-85 साल की लग रही है।

अभिनेता-2 : चल-चल यहाँ से, पुलिस का चक्कर पड़ जायेगा...

अभिनेता-3 : मगर इन्हें अकेला छोड़ कर कैसे जा सकते हैं...?

अभिनेता-4 : जब इसके घर वालों को इसकी चिन्ता नहीं तो तुझे क्या पड़ी है? तुझे रुकना है तो रुक मैं जा रहा हूँ...

अभिनेता-1 : माताजी, अपना हाथ देना माताजी, अपना हाथ देना...

सूत्रधार संवाद-2

यह एक सच्चा क़िस्सा है, जो कुछ साल पहले दिल्ली में हुआ था, जहाँ एक औरत के अपने ही घरवाले उसे कूड़ेदान में डाल कर वहाँ से भाग गये थे! कोई ऐसा सोच भी कैसे सकता है? अपनी माँ को कूड़े में डाल कर चले जाना...! ऐसी हैवानियत, ऐसी दरिन्दगी...?

गीत-3

यह दुनिया का मेला देखो, यह दुनिया का मेला
रह गया तू अकेला देखो, रह गया तू अकेला
तूने जिसको पाला, उसने ही घर से निकाला
जिसको अपने ख़ून से सींचा, उसने ही कॉलर खींचा
छाती से जिसको लगाया, उसने ही हाथ उठाया
कहते थे जिसको बेटा, आज मुँह फेर लेता
यह दुनिया का मेला देखो, यह दुनिया का मेला
रह गया तू अकेला देखो, रह गया तू अकेला
झुकती कमर और झड़ते बाल, गिरते दाँत और काँपती चाल-2
रह गया तू अकेला देखो, जब दुख की वेला
रह गया तू अकेला देखो, जब आयी दुख की वेला
यह दुनिया का मेला देखो, यह दुनिया का मेला
रह गया तू अकेला देखो, रह गया तू अकेला

दृश्य-2

बाप : अजय बेटा, कम्बल ला दे, यह कम्बल बहुत फटा हुआ है और इसमें मेरी ठण्ड भी नहीं रुकती।

अजय : रामू, पापा को अपना कम्बल दे दो।

बाप : बेटा, यह कम्बल तो और भी ज़्यादा फटा हुआ है!

अजय : अब आपको क्या कश्मीर से पश्मीना शॉल लाकर दूँ...? इसे रखना है तो रखो वरना इसे भी वापस कर दो...!

कोरस : रह गया तू अकेला देखो, रह गया तू अकेला...

अजय : श्याम बेटा यह क्या कर रहे हो?

श्याम : पापा कम्बल काट रहा हूँ...

अजय : क्यों...?

श्याम : आपके बुढ़ापे के लिए...

अजय : क्यों...? पागल हो गया है क्या..?

श्याम : आप भी तो दादाजी को फटा हुआ कम्बल देते हैं, ऐसा ही कम्बल मैं भी आपके लिए तैयार कर रहा हूँ ताकि आपको दे सकूँ आपके बुढ़ापे के लिए...!

कोरस : यह दुनिया का मेला, देखो यह दुनिया का मेला...

दृश्य-3

प्रेमिका : अगर मुझसे प्यार करते हो तो जाओ, अपनी माँ का दिल लेकर आओ।

प्रेमी : माँ, मुझे तुम्हारा दिल चाहिए मुझे अपनी मोहब्बत उस लड़की को साबित करनी है।

कोरस : जा ले जा... ले...ले जा!

प्रेमी : देखो, मैं अपनी माँ का दिल तुम्हारे लिए ले आया...

प्रेमिका : जो अपनी माँ का नहीं हो सका वह मेरा क्या होगा...!

सूत्रधार : रोते-रोते वहाँ से चल पड़ा, चलते-चलते रास्ते में ठोकर लगी तो गिर गया और उसकी माँ के दिल से आवाज़ आयी...

गीत (एकल)

माँ का बोला वह दिल, मेरे बेटे सँभल
कहीं तुझको लगी कोई चोट तो नहीं

कहीं तुझको लगी कोई चोट तो नहीं
कहीं तुझको लगी कोई चोट तो नहीं...

कोरस : रह गया तू अकेला देखो, रह गया तू अकेला

दृश्य-4

बेटा : पापा...पापा...वह क्या है...?
बाप : बेटा, वह पेड़ है
बेटा : पैर...!
बाप : पैर नहीं...पेड़...
बेटा : पेड़...
बाप : हाँ पेड़...
बेटा : पापा... पापा...वह क्या है?
बाप : चिड़िया...
बेटा : चिया...
बाप : चिया नहीं... चि...ड़ि...या...!
बेटा : चिड़िया...
बाप : हाँ चिड़िया...
बेटा : पापा घोड़ा बनो ना...!

गीत-4

लकड़ी की काठी, काठी पे घोड़ा
घोड़े की दुम पे, जो मारा हथौड़ा
दौड़ा दौड़ा दौड़ा घोड़ा, दुम दबाकर दौड़ा

बाप : बेटा देख दरवाज़े पर कौन आया है..?
बेटा : आप ख़ुद देख लो ना...!
बाप : बेटा फ्रिज पर मेरी दवाई रखी है दे दे...!
बेटा : पास में ही तो है... ख़ुद ले लो।

बाप : बेटा, क्या बात है आज बड़ा हैण्डसम दिख रहा है...! कहाँ जा रहा है...?

बेटा : आपका हर बात पर टोकना ज़रूरी है क्या...? कहाँ जा रहा है...? क्या कर रहा है? इतने सवाल पूछने की ज़रूरत क्या है...? चुपचाप घर में नहीं बैठ सकते क्या...?

बाप : बेटा जब तू छोटा था ना...! ढेरों सवाल करता था...और मैं तेरे हर सवाल का जवाब...ख़ुशी-ख़ुशी देता था...और आज तू बड़ा हो गया है...तो मेरी बातें तुझे परेशान करती हैं...चुभती हैं...!

कोरस : रह गया तू अकेला देखो, रह गया तू अकेला

दृश्य-5

बेटा : हैलो माँ...! कैसी है तू...?

माँ : मैं ठीक हूँ बेटा...तू बता तू कैसा है...? और मेरे पोता-पोती कैसे हैं...? तू घर कब आयेगा बेटा...? उनसे बात करा ना...!

बेटा : माँ मैं भी ठीक हूँ...सुन सुन...मैं इण्डिया आ रहा हूँ...!

माँ : सच..! तू इण्डिया आ रहा है...!

बेटा : हाँ माँ, मैं आ रहा हूँ...अपना सामान बाँधकर रखना।

माँ : बेटा मुझसे चला नहीं जाता...मेरे जोड़ों में बहुत दर्द रहता है...।

बेटा : माँ, मैं तुझे अमेरिका ले आऊँगा वहीं तेरा इलाज कराऊँगा... चल अब फ़ोन रख...नमस्ते।

माँ : मेरा बेटा आ रहा है...वह मुझे अमेरिका ले जायेगा...वहीं मेरा इलाज करायेगा...।

बेटा : माँ, अभी तक सामान पैक नहीं किया...? अच्छा सुन, यह मिश्रा जी हैं...मैंने इन्हें अपना घर दिखा दिया है, इन्हें घर बहुत पसन्द आया और यह ख़रीदने के लिए तैयार भी हो गये...।

माँ : पर बेटा, मैं कहाँ रहूँगी...?

बेटा : माँ, तू मेरे साथ अमेरिका में रहेगी...! अब जल्दी कर।

माँ : बस...यह पराँठे पैक कर लूँ।

बेटा : प्लेन में पराँठे कौन खायेगा तेरे...?

माँ : अच्छा ठीक है चल...!

कोरस : यह दुनिया का मेला देखो, यह दुनिया का मेला

बेटा : माँ तू यहाँ बैठ...मैं बोर्डिंग पास लेकर आता हूँ...और ला यह सामान भी मुझे दे दे...कहीं चोरी हो गया तो...!

कोरस : रह गया तू अकेला देखो, रह गया तू अकेला

माँ : दो घण्टे हो गये, भईया आपने मेरे बेटे को देखा...? अभी तक वापस नहीं आया...?

यात्री-1 : आप उन से पता कर लीजिए।

यात्री-2 : *(फ़ोन पर बात करते हुए)* साहब आपका काम हो जायेगा... आप टेंशन ना लें, बस पेमेंट टाइम पर करवा दीजियेगा... हाँ...हाँ...अरे आप कहाँ टेंशन ले रहे हैं...!

माँ : बेटा, तूने मेरे बेटे को देखा..?

यात्री-2 : क्या है...? किसी और से पूछ लो...देख नहीं रही हो मैं कितना बिज़ी हूँ...!

माँ : पाँच घण्टे हो गये हैं अभी तक नहीं आया है...टिकट लेने गया था

यात्री-2 : *(फ़ोन पर बात करते हुए)* अरे तो मैं क्या करूँ। एक बार कह दिया समझ नहीं आया पागल हो क्या...? सॉरी सर, आपको नहीं बोल रहा हूँ...! वह एक पागल बुढ़िया थी।

माँ : बेटा, तूने मेरे बेटे को देखा...?

यात्री-3 : आप पूछताछ काउण्टर पर पता क़र लें...!

माँ : आठ घण्टे हो गये मेरा बेटा अभी तक वापस नहीं आया...।

काउण्टर वाला : आप को जाना कहाँ था...?

माँ : अमेरिका।

काउण्टर वाला : माता जी, अमेरिका की फ्लाइट को गये हुए सात घण्टे हो गये हैं।

कोरस *(अभिनय के साथ)*

हरा समन्दर, गोपी चन्दर
बोल मेरी मछली कितना पानी...?
कितना पानी...? कितना पानी...?
इतना पानी...! इतना पानी..! –4

सूत्रधार संवाद-3

वह अपनी ज़िन्दगी भर की कमाई हमें देते हैं, उनका मकान जिसे उन्होंने ख़ून-पसीने से बनाया, ईंट-ईंट जोड़कर खड़ा किया। अपनी मेहनत की कमाई, अपना प्यार, अपनापन दिया..बदले में क्या मिलता है उन्हें...? अपमान और तिरस्कार।

जब हम खाँसते थे, थोड़ा-सा भी शरीर तपता था, तब जागते थे वह सारी रात, हम रोते थे, लगाते थे गले, पोंछते थे आँसू, हम नाराज़ होते, रूठते, मनाने लग जाते थे। ख़ुद फटा पहनते, रूखा-सूखा खाते, हमें पहनाते नया, खिलाते अच्छा।

अब जो वह खाँसते हैं हम बड़बड़ाते हैं, उनकी खाँसी हमें चुभती है, बोलना तंग करता है, सलाह बक़वास लगती है, टोकना ग़ुस्सा दिलाता है...!

अब हम बड़े हो गये हैं और वह बोझ...!

बुढ़ापा बीमार, थका-हारा, बेसहारा, अकेला क्यों है...?

हमारे समाज में बूढ़ा होना अभिशाप क्यों है...?

स्टोरीज़ कट-टु-कट्स

1. वृद्धाश्रम

बुढ़िया : मेरा बेटा मुझसे बहुत प्यार करता है, पिछले साल मुझसे मिलने भी आया था! जब तक वो थे सारी दुनिया मेरी थी, लेकिन उनके जाने के बाद मेरा बेटा मुझे वृद्धाश्रम में छोड़ गया। मेरे जैसे यहाँ और भी लोग हैं, पर मेरा यहाँ मन नहीं लगता... पर मेरा बेटा मुझसे बहुत प्यार करता है...!

2. गैलेक्सी एक्सप्लोर सीन

बेटा : हैलो पापा.....

पापा : हैलो बेटा, कैसा है तू?

बेटा : मैं ठीक हूँ पापा, आप कैसे हो?

पापा : बेटा मैं भी ठीक हूँ। बेटा तू तो फ़ोन ही नहीं करता।

(Remaining dialogues are improvised : *जिसमें बाप और बेटा अपने बारे में बात करते रहते हैं लेकिन एक-दूसरे को नहीं सुनते)*

बेटा : पापा, हम यहाँ नयी-नयी गैलेक्सीज़ एक्सप्लोर कर रहे हैं।

पापा : बेटा, तू नयी-नयी गैलेक्सीज़ एक्सप्लोर कर रहा है पर रिश्तों की गर्मी को कब एक्सप्लोर करेगा तू? *(रोने लगते हैं)*

सूत्रधार संवाद-4

जिन्होंने पैदा किया, पाला-पोसा, बड़ा किया, ख़ुद सोये गीले में, हमें सुलाया गोदी में। किलकारी सुन हमारी चहकते वो, उँगली पकड़ चलना सिखाया, सर्दी-गर्मी बरसात साये की तरह खड़े रहे, ख़ुद जले हमें खड़ा किया छाँव में...!

अब हम बड़े हो गये हैं और वह बोझ! हम दौड़ने लगे, वह ठहरने लगे! हाँफने लगे, खाँसने लगे, थकने लगे। उनकी खाँसी चुभती है, बोलना नहीं भाता, होना खलता है, अगर टोकें तो ग़ुस्सा आ जाता है। घर के किसी कोने में खाँसते, बड़बड़ाते, चीखते-चिल्लाते, कभी पानी को, कभी दवा के लिए तरसते!

सूत्रधार संवाद-5

घर के बुज़ुर्ग घर की ताक़त होते हैं, उनके क़िस्से-कहानियाँ उनका तज़ुर्बा, उनकी बातें धरोहर हैं। उनका होना बरगद के दरख़्त की छाया की तरह है, जहाँ हम सुरक्षित हैं, जहाँ अपनापन है, जहाँ प्यार है, जहाँ हमारे वजूद का एहसास है, जहाँ होने के मायने है...!

क्यों अँधेरे में, घर के किसी कोने में, बरामदे में, चारपाई पर, ओल्ड एज होम में, सड़कों पर, छत पर, बुढ़ापा क्यों दम तोड़ता है...? ज़िन्दगी के लिए क्यों तरसता है...? जिन्होंने हमें ज़िन्दगी दी वे प्यार के दो लफ़्ज़ों के लिए क्यों तरस जाते हैं...?

गीत-5

लुक्का-छिपी बहुत हुई, सामने आ जा ना
कहाँ-कहाँ ढूँढ़ा तुझे
थक गयी है, अब तेरी माँ
आ जा साँझ हुई, मुझे तेरी फिकर
धुँधला गयी देख मेरी नज़र आ जा ना!

(घुटना ज़मीन पर, सिर और हाथ आसमान की तरफ़ कर कोरस का सामूहिक आलाप)

बुढ़िया : मेरा बेटा मुझे दो साल पहले यहाँ ओल्ड एज होम छोड़ गया था, यहाँ मुझे जैसे बहुत सारे लोग मिले, लेकिन मुझे अपने बेटे की बहुत याद आती है...!
बेटा, मुझे ले जा बेटा...मुझे ले जा...मुझे यहाँ से ले जा...!

आ जा साँझ हुई, मुझे तेरी फ़िकर
धुँधला गयी देख मेरी नज़र आ जा ना

(घुटना ज़मीन पर, सिर और हाथ आसमान की तरफ़ कर कोरस का सामूहिक आलाप)

माँ : मेरा बेटा आयेगा मैं इन्तज़ार कर रही हूँ, मेरा बेटा मुझे अमेरिका ले जायेगा, वह मेरा वहीं पर इलाज करवायेगा, मेरा बेटा आयेगा...मेरा बेटा ज़रूर आयेगा...!

आ जा साँझ हुई, मुझे तेरी फिकर
धुँधला गयी देख मेरी नज़र, आ जा ना

(घुटना ज़मीन पर, सिर और हाथ आसमान की तरफ़ कर कोरस का सामूहिक आलाप)

पापा : मेरा बेटा NASA में काम करता है, मैं यहाँ अकेला हूँ मुझे बहुत डर लगता है...!
तू आ जा बेटा...! बेटा आयेगा ना...? बेटा तू आ जा मुझे यहाँ बहुत डर लगता है...!
बेटा तू कब आयेगा...? बहुत दिन हो गये...! पोता-पोती कैसे हैं...? बहुत दिन हो गये उन्हें देखा नहीं.! बेटा, तू आ जा... तू आ जा...!
आ जा साँझ हुई, मुझे तेरी फ़िकर
धुँधला गयी देख मेरी नज़र, आ जा ना

(घुटना ज़मीन पर, सिर और हाथ आसमान की तरफ़ कर कोरस का सामूहिक आलाप)

आ जा साँझ हुई, मुझे तेरी फ़िकर
धुँधला गयी देख मेरी नज़र, आ जा ना

(गीत का उत्तरोत्तर आलाप)

(समाप्त)

पहचान

लेस्बियन, गे, बाइसेक्सुअल, ट्रांसजेण्डर, क्वीर के बारे में स्टीरियोटाइप्स चारों तरफ़ फैले पड़े हैं। कोई हँसता है, कोई मज़ाक़ बनाता है, कोई वेस्टर्न कल्चर का असर कहता है।

कोई भारतीय संस्कृति के ख़िलाफ़ कहता है, कोई इण्टरनेट या पोर्न फ़िल्म का असर कहता है, तो कोई इसे एब्नॉर्मल कहता है यानी कि जितने मुँह, उतनी बातें। क्या सही है और क्या ग़लत यह कौन तय करेगा?

पहचान

गीत

बातें कुछ सीधी-सी, बातें कुछ सच्ची-सी, बातें कुछ अटकी,
भटकी, लटकी-सी
बातें कुछ अच्छी-सी, बातें कुछ मीठी-सी, बातें कुछ सच्ची-सी,
अच्छी, मीठी, सच्ची-सी
बातें कुछ सीधी-सी, बातें कुछ सच्ची-सी, बातें कुछ अटकी,
भटकी, लटकी-सी
बातें कुछ मेरी हैं, बातें कुछ तेरी हैं, बातें कुछ इसकी हैं,
बातें कुछ उसकी हैं
बातें कुछ मेरी-तेरी इसकी-उसकी हैं
बातें कुछ प्यार की, बातें दुलार की, बातें कुछ आँसू की,
डर और घुटन की
बातें हँसी की, बातें नफ़रत की, बातें तौहीन की, फ्रस्ट्रेशन
और भड़ास की
बातें ज़रूरत की, बातें जुनून की, बातें रिश्तों की, उम्मीद
और भरोसे की
बातें कुछ सीधी-सी, बातें कुछ सच्ची-सी
अटकी, भटकी, लटकी-सी, अच्छी, मीठी, सच्ची-सी, मेरी-तेरी
इसकी-उसकी, डर और घुटन की
उम्मीद और भरोसे की, फ्रस्ट्रेशन और भड़ास की, और
भड़ास की!!!

लघु दृश्य-1

लड़का-1 : वो देख! Gay जा रहा है।

लड़का-2 : तुझे कैसे पता कि वो gay है।

लड़का-1 : देख नहीं रहा उसकी चाल और लड़कियों वाली अदायें।

लड़का-2 : तुझे कोई लड़की नहीं मिली क्या?

लड़का-1 : अगर लड़के इतने ही पसन्द हैं तो एक-आध दिन हमारे कमरे पर भी आ जा। हमें भी कर दे सेटिस्फ़ाई।

लघु दृश्य-2

लड़का-1 : यह दोनों क्लास में एक साथ बैठती हैं, एक साथ आती-जाती हैं और एक साथ ही खाती हैं। चक्कर क्या है?

लड़का-2 : लेस्बियन-वेस्बियन होंगी!

लड़का-1 : लेस्बियन? अबे हम लड़के मर गये हैं क्या? एक बार नीचे आ जायेगी ना तो सब लेस्बियन-वेस्बियन निकल जायेगा। स्ट्रेट हो जायेगी एकदम!

लघु दृश्य-3

बच्चा : पापा, पापा, पापा, पापा!!

बाप : क्या हुआ?

बच्चा : पापा, वो आदमी वैसा लग रहा है ना जैसा हमने उस फ़िल्म में देखा था... माँ दा लाड़ला बिगड़ गया।

बाप : उधर मत देख, उधर मत देख! तुझे और भी तो कितनी अच्छी पिक्चरें दिखाता हूँ। इन लोगों ने सारा समाज ख़राब कर रखा है। हमारे बच्चों को भी बिगाड़ेंगे!

लघु दृश्य-4

लड़का-1 : वो देख हलवा!!

लड़का-2 : कहाँ है? गाजर का या मूँग की दाल का?

लड़का-1 : खाने वाला नहीं!! वो देख... 'वो' खड़ा है!!

लड़का-2 : उनके पास मत जाया कर नहीं तो तू भी वैसा हो जायेगा।

लघु दृश्य-5

लड़का-1 : गाड़ी का शीशा ऊपर कर ले।

लड़का-2 : क्यूँ भाई?

लड़का-1 : अबे साले वो आ रहे हैं और फिर आते ही पैसे माँगते हैं। देख कैसे लटक-मटक के चल रही है।

लड़का-2 : चल नहीं रही, चल रहा है। शक्ल देख, हिजड़ी नहीं हिजड़ा है।

लड़का-1 : साला, पक्का डिफेक्टिव पीस है।

लघु दृश्य-6

लड़की-1 : तुमने पाण्डे जी की लड़की के बारे में सुना?

लड़की-2 : क्या हुआ?

लड़की-1 : अगले महीने उसकी शादी होने वाली थी।

लड़की-2 : हाँ तो?

लड़की-1 : तो क्या? सुनने में आया है कि वो किसी लड़की के साथ भाग गयी!

लड़की-2 : हाय-हाय लड़की के साथ?! कैसा ज़माना आ गया है, लड़की-लड़की, लड़का-लड़का, बच्चे कहाँ से आयेंगे? आसमान से टपकेंगे क्या?

लघु दृश्य-7

लड़का-1 : वो देख कौन आ गया साला!

लड़का-2 : हिजड़ा है!

लड़का-1 : यह ऐसे कैसे हो जाते हैं?

लड़का-2 : बताता हूँ! इसके बाप को चाहिए थी बेटी और माँ को चाहिए था बेटा, भगवान ने दोनों की सुन ली और यह नीचे गिर गया!

लड़का-1 : चल, इसी बात पे एक जोक सुनाता हूँ। यह जो सारे हिजड़े होते हैं, यह धोनी से इतना डरते क्यूँ हैं?

लड़का-2 : पता नहीं...

लड़का-1 : क्यूँकि छक्के बहुत मारता है ना!!!

सूत्रधार संवाद-1

इस तरह की बातें, बेतुके मज़ाक़, अजीबो-ग़रीब क़िस्म की भ्रान्तियाँ चारों तरफ़ फैली हुई हैं। हम कुछ भी बिना सोचे समझे बोलते हैं और उसका मज़ा लेते हैं। हम उस समाज में रहते हैं, जहाँ पर एक मोटा आदमी केले के छिलके पर फिसल जाये तो कॉमेडी हो जाती है। एक इनसान जिसकी एक आँख ना हो, उसे काना कह के चिढ़ाते हैं। किसी की एक टाँग ना हो या एक टाँग छोटी हो तो उसे लँगड़ा कह के मज़ा लेते हैं। हमें जो भी ख़ुद से अलग दिखता है, हम उसकी खिल्ली उड़ाते हैं, मज़ाक़ बनाते हैं, चिढ़ाते हैं, चुटकुले बनाते हैं। कभी moral policing के नाम पर, कभी संस्कृति के नाम पर तो कभी धर्म के नाम पर उन्हें समाज के हाशिए पर फेंक देते हैं।

दृश्य-1

बाप : मैंने तेरी परवरिश में क्या कमी छोड़ी थी जो तू gay बन गया? लोग क्या कहेंगे? समाज क्या कहेगा?

बेटा : पर पापा मैं...

बाप : मुझे कुछ नहीं सुनना!! परिवार का क्या होगा अगर तू शादी नहीं करेगा? बच्चे कहाँ से आयेंगे? खानदान कैसे चलेगा? देख शादी के कार्ड बँट चुके हैं, सारी तैयारियाँ हो चुकी हैं, तू चुपचाप शादी कर ले!

दृश्य-2

पति : तुझे हज़ार दफ़ा मना किया था कि उसकी सहेलियों को घर मत आने दे, साथ मत सोने दे। अब कट गयी ना नाक? अख़बार में छप रहा है कि लड़की ने लड़की से शादी की।

पत्नी : मैं क्या करूँ? सब कुछ आपके सामने ही तो था। कितनी बार कहा था कि उसको भैया के पास भेज दो। आप ही को लगी थी उसको शहर भेजने की। अब हम ही तो भुगतेंगे!

पति : साला सड़क पर निकलना मुश्किल हो गया है। रिश्तेदार तो रिश्तेदार, अनजान लोगों ने फ़ोन कर-कर के परेशान कर रखा है। मन तो करता है कि सुसाइड कर लूँ। और ऊपर से यह न्यूज़ चैनल वाले...

रिपोर्टर-1 : जी आपको कैसा लग रहा है आपकी बेटी ने लड़की होते हुए एक लड़की के साथ शादी कर ली!

रिपोर्टर-2 : जी बताइए, बताइए... *(अब पत्नी से)* मैडम आप बताइए, आपकी बेटी ने एक लड़की से शादी कर ली, आपको कैसा लग रहा है?

पत्नी : मर गयी हमारी बेटी हमारे लिए!!

रिपोर्टर-1 : जैसा कि आप बाप के निराश चेहरे को देख सकते हैं, माँ की आँख के आँसुओं को देखिए रुकने का नाम ही नहीं ले रहे।

रिपोर्टर-2 : आप सब ने सुना कि माँ के लिए उसकी बेटी मर गयी है।

रिपोर्टर-1 : तो आप हमें SMS या call कर के बता सकते हैं 1234 पर कि आपको लड़की के साथ लड़की की शादी पसन्द आयी या फिर ये भारतीय संस्कृति पर कलंक है? आप अपनी राय और विचार हमें बता सकते हैं।

रिपोर्टर-2 : और ये फालतू न्यूज़ सिर्फ़ हमारे फालतू चैनल पर!!

दृश्य-3

माँ : हमारा बच्चा है और ले वो जायेंगे? अभी तो 14 साल का भी नहीं हुआ। आप रुकिये मैं पुलिस को फ़ोन करती हूँ।

बाप : तू पुलिस को फ़ोन कर या किसी को, वो ले जायेंगे तेरे बेटे को। मैंने तुझसे कहा था अपने बेटे को समझा के रखना। जब लड़कियों के कपड़े पहनेगा, उनकी तरह नाचेगा, लिपस्टिक लगायेगा तो क्या होगा? पता चल गया ना उनको?

माँ : पर हमारा इकलौता बेटा है...

बाप : शुक्र है अभी बस उनको पता चला है। जब बात फैलेगी ना पूरे मोहल्ले में, रिश्तेदारों में, तो लोग जीना हराम कर देंगे उसका, हिजड़ा-हिजड़ा कह कर उसको पागल कर देंगे! और हम जहाँ जायेंगे लोग हमें चिढ़ायेंगे कि हिजड़े की माँ जा रही है, हिजड़े का बाप जा रहा है!

दृश्य-4

लड़का-1 : तू शादी कर रहा है? तू ऐसा कैसे कर सकता है? हम दो साल से रिलेशनशिप में हैं, तू ऐसा कैसे कर सकता है? तू बुजदिल है! तू डरपोक है!!

लड़का-2 : बेकार की बात मत कर! साले तेरी ज़रूरत थी इसलिए तू मुझसे चिपका रहता था! और तेरा क्या है? किसी और के साथ जा कर चिपक जा।

लड़का-1 : मैं तेरे बिना नहीं रह सकता! तूने कहा था, हम एक साथ रहेंगे, शादी करेंगे!

लड़का-2 : तेरा दिमाग़ ख़राब है? साले मेरे घरवालों को या मेरे दोस्तों को पता चल गया कि मैं एक लड़के के साथ ये सब कर रहा हूँ तो क्या इमेज रह जायेगी मेरी? और तेरी तरह नही हूँ मैं...एक बात बता...तू बच्चे दे सकता है मुझे? नहीं ना?

लड़का-1 : प्लीज़ मेरी बात सुन...सब ठीक हो जायेगा...मैं सब ठीक कर दूँगा...तू ऐसा क्यूँ कर...

लड़का-2 : *(बीच में व्यवधान)*–बे सुन!! साले शादी ही तो कर रहा

हूँ, मर थोड़ी रहा हूँ! तुझे जो चाहिए तुझे मिलता रहेगा। ये शादी तो मैं अपने घरवालों के कहने पर कर रहा हूँ। तुझे पता ही है मुझे लड़कियाँ भी पसन्द हैं। रात को घरवाली होगी और दिन में तू बाहरवाला!!

सूत्रधार संवाद-2

क्या ज़िन्दगी अपनी तरह जीना कोई गुनाह है? अगर कोई ज़िन्दगी को अपनी तरह जीना चाहता है, एक्सप्लोर करना चाहता है, समझना चाहता है तो हमें प्रॉब्लम क्यूँ होती है? अगर आप घोषित स्त्री या पुरुष नहीं हैं तो ये समाज तो छोड़िए आपको अपने घरवाले तक नहीं समझते, सपोर्ट तक नहीं करना चाहते, एक्सेप्ट तक नहीं करना चाहते। LGBTQ कोई बीमारी नहीं है जिसे ऑपरेशन से ठीक किया जा सके या कोई योगी बाबा उसे योग से ठीक करे या कोई दवाई उसे नॉर्मल कर सके। विश्व स्वास्थ्य संगठन तक ने ये कहा है कि होमोसेक्सुअलिटी कोई बीमारी नहीं है। ये बिल्कुल नॉर्मल है।

स्टीरियोटाइप्स कोलाज-1

बाबा : खाली क्यूँ बैठे हो? साँसें अन्दर खींचो, हैं, कपालभाती करो भई!

पहला आदमी : बाबा, मेरी बेटी को लड़कों की जगह लड़कियाँ ज़्यादा पसन्द हैं बाबा, कुछ करो बाबा।

बाबा : बहुत आसान है बेटा! अपनी बेटी की शादी कर दो और शादी की पहली रात को अपने दामाद को समोसा खिलाओ किसके साथ?

कोरस : चटनी के साथ।

बाबा : हरी वाली!! कृपा बरसेगी बेटा!!

पहला आदमी : ठीक है बाबा *(बाहर निकलता है)*

बाबा : किधर जा रहे हो...दान पेटी पीछे है।

दूसरा आदमी : बाबा-बाबा! मेरा बेटा आजकल लड़कों को कुछ ज़्यादा ही पसन्द करने लगा है। कोई उपाय बताओ ना बाबा।

बाबा : इसमें परेशानी की क्या बात है बेटा? हम तुम्हारे बच्चे को योग करवा के तीन हफ़्तों में बिल्कुल सीधा कर देंगे। *(पुत्र से)* चलो बेटा अन्दर, समलैंगिक आसन करते हैं। तब तक तुम सारे साँसें अन्दर खींचो!!

स्टीरियोटाइप्स कोलाज-2

लड़का-1 : यार एक बात बता। ये लेस्बियन समझ में आता है, गे समझ में आता है...पर ये बाइसेक्सुअल क्या होता है और कैसे बन जाते हैं?

लड़का-2 : बाइसेक्सुअलिटी तो बस एक बहाना होता है। ये सारे पैदाइशी ठर्की होते हैं। आदमी हो या औरत, जो मिल जाये उसी पर हाथ साफ़ कर देते हैं, बिन पेंदे के लोटे!!

स्टीरियोटाइप्स कोलाज-3

लड़का-1 : वो देख! कैसा लड़का जा रहा है।

लड़का-2 : लड़का नहीं, ऑडियो कैसेट बोल ऑडियो कैसेट ।

लड़का-1 : ऑडियो कैसेट?

लड़का-2 : तूने बचपन में ऑडियो कैसेट यूज़ नहीं किया क्या? ए और बी, दोनों साइड से बजते हैं!

सूत्रधार संवाद-3

लेस्बियन, गे, बाइसेक्सुअल, ट्रांसजेण्डर, क्वीर के बारे में स्टीरियोटाइप्स चारों तरफ़ फैले पड़े हैं। कोई हँसता है, कोई मज़ाक़ बनाता है, कोई वेस्टर्न कल्चर का असर कहता है, कोई भारतीय संस्कृति के ख़िलाफ़ कहता है, कोई इण्टरनेट

या पोर्न फ़िल्म का असर कहता है, तो कोई इसे एब्नॉर्मल कहता है यानी कि जितने मुँह, उतनी बातें। क्या सही है और क्या ग़लत यह कौन तय करेगा?

दीर्घ दृश्य-1

पत्नी : *(फ़ोन पे)* हाँ पापा...*(पति से)* लीजिए पापा का फ़ोन है, बात कर लीजिए।

पति : *(फ़ोन पे)* हैलो...ससुर जी...जी नमस्ते...हाँ जी, हाँ जी सुबह ही आ गयी थी... एअरपोर्ट से पिक कर लिया था। अजी इसकी बहन तो इसको छोड़ ही नहीं रही है सुबह से...आप बेफ़िक्र रहिए...इसकी बीमारी का इलाज हो जायेगा यहाँ पर...जी नमस्ते।

(पत्नी से) तुम्हारे बाप ने बिगाड़ा है! क्या ज़रूरत थी इसे हॉस्टेल भेजने की?

पत्नी : अब बाहर पढ़ने के लिए गयी थी...इसमें पापा की क्या ग़लती है? वहाँ की चाल-ढाल अपना ली तो हम क्या करें?

पति : चलो कोई बात नहीं। मैंने डॉक्टर से बात कर ली है, इसकी बीमारी का इलाज यहीं हो जायेगा, नहीं तो किसी योगी बाबा को दिखा देंगे।

पत्नी : आपको जो करना है आप करिए...फिलहाल मैं मार्केट जा रही हूँ, 1 घण्टे बाद वापस आऊँगी।

पति (साली से) : सुनो, मेरे लिए चाय ले आओ। चलो छोड़ो...पापा बता रहे थे तुम शादी नहीं करना चाहतीं। क्या प्रॉब्लम है?

साली : हाँ, नहीं करनी मुझे शादी...

पति : सुना है तुम्हें सिर्फ़ लड़कियाँ ही पसन्द हैं...

साली : हाँ, मुझे लड़कियों की तरफ़ ज़्यादा अट्रैक्शन है, सो व्हाट?

पति : क्या कभी तुम्हें किसी मर्द ने टच नहीं किया? लगता है virgin हो। अगर टच किया होता ना तो कहतीं पापा मेरी शादी करा दो, पापा मेरी शादी करा दो, पापा मेरी बात

तो सुनो, मेरी शादी करा दो। एक बार किसी मर्द के साथ सोयेगी न तो सब लेस्बियन-वेस्बियन निकल जायेगा।
("पहली पोजिशन, हाथ ऊपर")
आओ तुम्हारा इलाज करता हूँ!
(सूर्यनमस्कार-योगा सीक्वेंस)
(रेप सीक्वेंस)

अब तू सोयेगी मर्दों के साथ!
(फ़ोन पे) हैलो...ससुर जी, जी, आप इसके लिए लड़का ढूँढ़ लीजिए...जी हो गया इलाज...हाँ जी, सब निकल गया इसका हॉस्टल का चक्कर-शक्कर!

सूत्रधार संवाद-4

लड़कियों की लेस्बियन ऑरिएण्टेशन ठीक करने के नाम पर ऐसी घटनाएँ दुनिया भर में होती हैं। साउथ अमेरिका में लेस्बियन के साथ रेप का आँकड़ा 90% है। अपनी पहचान को छिपा कर भय में जीने वाले लाखों लड़के-लड़कियाँ रोज़ाना डिस्क्रमिनेशन, ह्यूमिलियेशन, हैरेसमेण्ट, सेक्सुअल अब्यूज़ का शिकार होते हैं। ना परिवार साथ देता है, ना समाज साथ देता है, पुलिस और ताक़तवर लोगों के लिए तो ये एक्सप्लॉयटेशन का एक माध्यम है। क्या अपनी पहचान के साथ जीना ग़लत है? आप जो हैं, जैसे हैं उस तरह से जीना क्या गुनाह है? कोई कैसे जीना चाहता है ये उसकी अपनी च्वॉइस है। उसे एब्नॉर्मल कहने वाले हम कौन होते हैं? जो एक नेचुरल बिहेवियर है उस नेचुरल बिहेवियर को अपराध की तरह क्यूँ देखा जाता है? उससे घृणा क्यूँ की जाती है? एक डेमोक्रेटिक सोसायटी में अपनी सेक्सुअलिटी के साथ जीना, अपनी पहचान के साथ जीना, अपनी आइडेंटिटी के साथ जीना क्या क्राइम होता है?

दीर्घ दृश्य-2

लड़का-1 : अबे चिकने! भाई देख, एकदम लड़कियों की तरह दिखता है ना!

लड़का-2 : बैठता भी तो उनके साथ ही है छमिया साला!!

लड़का-3 : अबे तेरी हार्ड डिस्क में कुछ है भी या मेन फ़ाइल ही करप्ट है?

लड़का-4 : सुना है कल विशाल की सेवा में लगा हुआ था ये।

राजेश : देख मैं बुक माँग रहा था।

लड़का-1 : कैसी बुक? हमें भी दे दे। हम भी खोल देंगे कभी।

राजेश : देख ज़्यादा बोला तो मैम को कम्प्लेण्ट कर दूँगा।

लड़का-3 : साले मैम को क्या कम्प्लेण्ट करता है? बायलॉजी वाले सर से कर, अच्छे से समझा देंगे तुझे तेरी बायलॉजी।

लड़का-1 : एक काम कर इसकी पैंट उतार आज इसे चेक ही कर लेते हैं।

लड़का-3 : गिरा साले को नीचे गिरा...गिरा ना!

(राजेश के साथ ज़बरन सामूहिक बलात्कार करते हैं)

लड़का-2 : वीडियो बना... पैर पकड़ साले के...अबे तू भी मज़ा ले।

लड़का-3 : वीडियो बना ली ना इसकी?

लड़का-4 : सेव भी कर ली भाई।

लड़का-1 : मज़ा आ गया, एकदम चिकना था साला।

लड़का-3 : यूट्यूब पे डाल दियो इसकी वीडियो!

लड़का-4 : पोर्न साइट पे भी डाल दूँगा।

राजेश : इण्टरनेट पे मत डालना.......

लड़का-3 : अगर वीडियो वायरल होने से बचानी है ना तो कल इसी टाइम यहाँ आ जाइयो दोबारा।

लड़का-1 : एक काम कर, व्हाट्सएप ग्रुप में डाल। सबको पता चलना चाहिए कि हमारे कॉलेज में भी एक छमिया है।

(सारी उम्र हम, मर-मर के जी लिए, एक पल तो अब हमें जीने दो-जीने दो-2

Give me some sunshine,
Give me some rain,
Give me another chance
I wanna grow up once again-2

(राजेश ब्लेड से अपने हाथ की नसें काटकर आत्महत्या कर लेता है।)

माँ : बेटा, बेटा तुझे क्या हुआ? आँखें खोल बेटा, बात कर मुझसे, तू बोल क्यूँ नहीं रहा?

(माँ रोती है, गाने का आलाप साथ चलता है। बेटे के हाथ से सुसाइड नोट लेकर माँ पढ़ती है।)

माँ : "सॉरी माँ, मैं आपको अकेला छोड़ के जा रहा हूँ। इस तरह अपनी पहचान छिपा के कोई कब तक जी सकता है? मैं जीना नहीं चाहता माँ, *मैं जीना नहीं चाहता।"*

(माँ दहाड़ें मारकर विलाप करती हैं। कोरस का उत्तरोत्तर आलाप और गीत।)

कोरस : बचपन तो गया, जवानी भी गयी, इक पल तो अब हमें, जीने दो-जीने दो-2
ना ना ना ना, ना ना ना ना, ना ना ना ना, ना ना ना ना ना ना ना-2

सूत्रधार संवाद-5

ऐसे हादसे, इस तरह की घटनाएँ, हमारे आसपास आये दिन होती रहती हैं। कुछ सामने आती हैं, कुछ छिपा दी जाती हैं।

हर किसी की अपनी फिजिकल ज़रूरतें और सेक्सुअल फन्तासीज़ होती हैं चाहे वो LGBTQ हो या कोई so called straight इनसान हो। Love और affection दो लोगों के बीच होता है दो different genders का

होना ज़रूरी नहीं है। ये नेचुरल है, किसी फ़ैशन या मस्ती के लिए नहीं। ये कोई च्वॉइस या लाइफस्टाइल नहीं है। सिगरेट पीना, शराब पीना च्वॉइस या लाइफस्टाइल हो सकता है जिसे आप छोड़ सकते हैं, क्विट कर सकते हैं लेकिन अपनी सेक्सुअल ऑरिएण्टेशन को बदलना, उसे क्विट करना नामुमकिन है।

संविधान ने सबको समानता, फ्रीडम ऑफ़ एक्सप्रैशन और सम्मान से जीने की गारण्टी दी है। फिर उसी संविधान की आड़ लेकर कोई क़ानून एक नेचुरल बिहेवियर को अपराध कैसे घोषित कर सकता है? ये समझना बहुत ज़रूरी है क्यों ये सिर्फ़ सेक्स से जुड़ा हुआ मुद्दा नहीं है। ये मुद्दा है पहचान का, ये मुद्दा है अपने अस्तित्व का, ये मुद्दा है आत्मसम्मान का!!!!!

गीत

ये ग़म के और चार दिन, सितम के और चार दिन
ये दिन भी जायेंगे गुज़र, गुज़र गये हज़ार दिन
कभी तो होगी इस चमन में भी बहार की नज़र
अगर कहीं है स्वर्ग तो उतार ला ज़मीन पर
तू ज़िन्दा है तू ज़िन्दगी की जीत पर यक़ीन कर
अगर कहीं है स्वर्ग तो उतार ला ज़मीन पर
तू ज़िन्दा है, तू ज़िन्दा है

(समाप्त)

(Thanks to Harmless Hugs & Delhi Pride Committee)

बाल-व्यापार

लड़कियाँ भागती नहीं हैं उन्हें भगाया जाता है, उन्हें उठाया जाता है, ताक़तवरों की नज़र में वर्दी वालों की नज़र में वो 'सुखी' हो जाती हैं, ज़िन्दगी भर 'मज़े' से रहती हैं क्योंकि उनको 'सेवा' के लिए भगाया जाता है। उनको दूसरों के घरों में काम करने के लिए, मालिकों के शरीर को सुख देने के लिए, समाज में दासों की परम्परा को कायम रखने के लिए भगाया जाता है।

किसी की भैंस खो जाये तो पूरा सिस्टम भैंस ढूँढ़ने में लग जाता है, सारे पुलिस वाले लग जाते हैं क्योंकि भैंस मन्त्री जी की है। लेकिन किसी का बच्चा खो जाये तो उसकी रिपोर्ट तक दर्ज नहीं होती।

बाल व्यापार

गीत-1

सुन ले ज़रा तू, सुन ज़रा
सुन ले ज़रा तू, सुन ज़रा,
सुन ले ज़रा तू, सुन ज़रा
सुन ले ज़रा तू, सुन ज़रा,

यह क्या गा रहे हो? थोड़ा ढंग से गाओ, थोड़ी एनर्जी बढ़ाओ, थोड़ा पेस बढ़ाओ।

कोरस : तो लो, सुन लो
सुन लो, सुन लो, सुन लो,
सुन लो, सुन लो, सुन लो,
बात पते की कहने आयी नुक्कड़ पार्टी सुन लो,
बात पते की कहने आयी नुक्कड़ पार्टी सुन लो

कोरस : सुन लो, सुन लो, सुन लो,
सुन लो, सुन लो, सुन लो...

फिलर : भैया बहुत ग़लत हो रहा है।
कोरस : क्या ग़लत हो रहा है?

देखो देखो देखो-2
देखो देखो देखो-2

गीत-2

लकड़ी की काठी, काठी पे घोड़ा,
घोड़े की दुम पे जो मारा हथौड़ा,
दौड़ा दौड़ा दौड़ा घोड़ा दुम दबा के दौड़ा...

दृश्य-1

स्त्री : दिनेश, दिनेश, दिनेश, दिनेश! कहाँ मर गया? बेटा कहाँ है दिनेश?

लड़का : वह तो चला गया?

स्त्री : कहाँ चला गया? दिनेश को देखा कहीं? दिनेश, दिनेश, दिनेश।

कोरस : लकड़ी की काठी, काठी पे घोड़ा
घोड़े की दुम पे जो मारा हथौड़ा,
दौड़ा दौड़ा दौड़ा घोड़ा दुम दबा के दौड़ा *(मन्द एवं दुखी स्वर में)*

दृश्य-2

लड़की-1 : मास्टर जी ने कहा था उसकी माँ को बता दें।

लड़की-2 : चाची, आज गौरी स्कूल नहीं पहुँची। मास्टर जी ने कहा था आपको बता दें।

माँ : क्या स्कूल नहीं पहुँची? सुबह तो गयी थी...

लड़की-3 : नहीं पहुँची चाची, सच और रास्ते में भी नहीं मिली।

माँ : सुबह देर से निकली थी। क्या सचमुच नहीं पहुँची? घर भी नहीं आयी। अरे जा, ज़रा ताई के घर देखकर आ...किसी ने गौरी को देखा? बस्ता टाँगे हुए थी, आपने देखा? गौरी, गौरी, गौरी...

कोरस : लकड़ी की काठी, काठी पे घोड़ा

घोड़े की दुम पे, जो मारा हथौड़ा,
दौड़ा दौड़ा दौड़ा घोड़ा दुम दबा के दौड़ा *(मन्द एवं दुखी स्वर में)*

दृश्य-3

आदमी-1 : बच्चों, इधर आओ। कहाँ जा रहे हो?

बच्चा-1 : हम स्कूल जा रहे हैं।

आदमी-1 : चॉकलेट खाओगे?

बच्चा-1 : हाँ, मैं खाऊँगा।

बच्चा-2 : नहीं, बापू ने कहा है किसी अनजान से कुछ नहीं लेना।

आदमी-1 : अरे बच्चों, हम अनजान नहीं हैं पड़ोस के गाँव वाले हैं।

आदमी-2 : तुम्हारे पिताजी तो जानते हैं हमें। वह हमारे साथ ही पढ़ते थे, नहर के पास वाले स्कूल में। अरे नीम वाले पेड़ पर चढ़कर निम्बोरियाँ खाया करते थे।

बच्चे : हमें भी निम्बोरी खानी है।

आदमी-1 : वह तो कड़वी होती है। ले चॉकलेट खा। अच्छा सुनो, पढ़ने-लिखने में कुछ नहीं रखा, दिल्ली चलोगे?

बच्चा-1 : वहाँ पर लम्बी-लम्बी गाड़ियाँ होती हैं और बड़ी-बड़ी इमारतें।

आदमी-1 : हाँ वही! वहाँ चलोगे तो बहुत पैसा मिलेगा। वो लम्बी-लम्बी गाड़ियाँ तुम्हारी, वो बड़ी-बड़ी इमारतें भी तुम्हारी। हीरो बन जाओगे हीरो।

बच्चे : हाँ-हाँ चलेंगे।

आदमी-1 : लेकिन सुनो रास्ते में कोई पूछे तो क्या कहोगे?

आदमी-2 : मैं बताता हूँ। मैं हूँ तुम्हारा चाचा।

आदमी-1 : और दिल्ली क्यों जा रहे **हो**?

बच्चे : काम करने।

आदमी-1 : काम करने नहीं, चाचा के साथ माँ-बाप से मिलने दिल्ली जा रहे हैं। वहीं रहेंगे और वहीं पढ़ेंगे।

बच्चे : ये!!!

लड़की : भइया, भइया, भइया, कहाँ जा रहे हो?

आदमी-1 : बेटा इधर आओ। ये कौन है? क्या करती है?

बच्चा-1 : ये मेरी बहन है घर में काम करती है।

आदमी-1 : इसे भी लेकर चलें?

आदमी-2 : अबे बहुत छोटी है। पुलिस वाले बेमतलब का ड्रामा करेंगे।

आदमी-1 : छोटी है तो क्या हुआ, पक जायेगी। जब पच्चीस हज़ार कमायेंगे तो पाँच सौ रेलवे पुलिस वाले को भी दे देंगे। क्या फ़र्क पड़ता है?

आदमी-2 : तो चलो।

(सभी बच्चे एक साथ खुशी में गाते हुए आदमी का हाथ पकड़ घेरे में घूमते हैं।)

सभी बच्चे : बड़े-बड़े घर होंगे।
हीरो बन जायेंगे।
गाड़ी होगी।

कोरस : लकड़ी की काठी, काठी का घोड़ा
घोड़े की दुम पे जो मारा हथौड़ा,
दौड़ा दौड़ा दौड़ा घोड़ा दुम दबा के दौड़ा
(मन्द एवं दुखी स्वर में गायन)

दृश्य-4

माँ : क्या कहा? लड़की को शहर भेज दूँ? नहीं, बिलकुल नहीं।

आदमी-1 : बहनजी, आपकी लड़की सुख से रहेगी शहर में।

माँ : नहीं, मैं नहीं भेजूँगी अपनी लाड़ली को। अभी तो 14 साल की भी नहीं हुई है, न जाने क्या-क्या करेंगे उसके साथ।

आदमी-1 : शहर ले जाकर इसे काम पर लगवा दूँगा, दो पैसे आपको भी मिल जायेंगे, दो पैसे हम कमा लेंगे। तीन-चार हज़ार कमायेगी, घर पर पैसा भेजेगी, आपके घर की हालत भी सुधर जायेगी भाई साहब। *(लड़की से)* बोल बिटिया, चलेगी शहर?

बच्ची : हाँ माँ, मैं शहर जाऊँगी, और फिर आपको भी शहर बुला लूँगी।

माँ : तू चुप कर।

बाप : दो-चार हज़ार रुपये ज़्यादा दे देना *(बाप लड़की की माँ से)* इसे जाने दे।

आदमी-1 : तुम पैसों की चिन्ता मत करो।

माँ : नहीं, मैं गुड़िया को कहीं नहीं जाने दूँगी! गुड़िया, गुड़िया, गुड़िया!!

कोरस : लकड़ी की काठी, काठी पे घोड़ा
घोड़े की दुम पे, जो मारा हथौड़ा,
दौड़ा दौड़ा दौड़ा घोड़ा दुम दबा के दौड़ा *(मन्द एवं दुखी स्वर में)*

दृश्य-5

रिश्तेदार : रामप्रसाद, यो तेरा छोरा इतना बड़ा हो गया है, अभी तक इसके लिए कोई छोरी-वोरी ना मिली?

बाप : रे कहाँ से ले कर आऊँ बहू? छोरी पैदा होते ही दूध में डुबाकर मार देते हैं, बहू कहाँ से लाऊँ? यो देख इसने, 45 साल का हो रहा है, अभी तक बहू ना मिली। सब मज़ाक़ उड़ावें हैं कि आदमी है भी के नहीं।

रिश्तेदार : तू लड़की ख़रीद क्यों नहीं लेता? कोई लड़की ख़रीद ले। रामदीन ने भी ख़रीदी है। उसका छोरा 48 का हो गया था, उसके लिए नेपाल से लड़की लाये थे। 15 साल की लड़की थी। उसे ख़रीद के उससे शादी करा दी, दिन भर घर का काम करे है, उपले पाथे है और उसके बाद रात को बिस्तर में मजा भी देवे है। तू भी ले-ले।

लड़का-2 : मेरा भी ब्याह करा दे ताऊ!

रिश्तेदार : ओये तेरा भी ब्याह करा देंगे! ला पैसे दे। इसका बाप फ़कीर आदमी है, अपने बाप से कहियो पहले पैसे दे। साला वो भी कुँवारा बैठा है।

लड़का-2 : ताऊ अगर मेरे बाप ने शादी न की होती तो मैं यहाँ खड़ा होता क्या?

रिश्तेदार : अरे जा-जा। बता रामप्रसाद मँगवा दूँ?

बाप : कितने पैसे लग जायेंगे?

रिश्तेदार : चार से पाँच लाख लगेंगे। कैसी लड़की चाहिए? कहाँ की चाहिए? बिहार, उड़ीसा, नेपाल? पर कहीं सोचे की घणी सुथरी लड़की मिलेगी तो वो न मिलने की। पर होगी चौदह-पन्द्रह साल की।

बाप : पर लोग क्या कहेंगे?

रिश्तेदार : लोगों का क्या है? तू बता कहाँ की छोरी चाहिए? नेपाल से मँगवा दूँ?

बाप : अरे कहीं की भी मँगवा दे। फिर कब तक आयेगी?

रिश्तेदार : मैं कल बात करता हूँ। अगले हफ़्ते तक आ जायेगी।

बाप : भाई तने तो काम बना दिया।

रिश्तेदार : वैसे रामप्रसाद तू भी घणा बूढ़ा न होया है! तू कहे तो तेरे लिए भी ढूँढ़वा दूँ एक छोरी?

बाप : रे हट, परे हट रे, इस उमर में हमसे ही मज़ाक कर रिया है। चल हट!

सूत्रधार संवाद-1

छोटे-छोटे बच्चे, खेलते-खिलखिलाते बच्चे, माँ-बाप के लाड़ले-दुलारे बच्चे, आसमान को छूते और तितलियों के पीछे भागते बच्चे, सपनों भरे, अरमानों भरे बच्चे, माँ-बाप की आँखों के तारे बच्चे। जब अचानक ग़ायब हो जाते हैं, कहाँ जाते हैं? भारत में हर 8 मिनट में एक बच्चा ग़ायब होता है। ग़ायब होकर ये जाते कहाँ हैं? बच्चे ग़ायब क्यों होते हैं? कौन उठाता है इन बच्चों को? किसलिए उठाते हैं इन बच्चों को? इन ग़ायब हुए बच्चों में से कितने वापस आते हैं? कितने बच्चे माँ-बाप से मिल पाते हैं?

ये बच्चे कहाँ चले जाते हैं? कितने केस हर साल रजिस्टर होते हैं। उन रजिस्टर्ड केसों में से कितने हल होते हैं?

माँ-बाप की आँखों के तारे, उनके बच्चे हैं। वो ही ग़ायब हो जायें तो माँ-बाप की क्या स्थिति होती होगी? जो लोग इन्हें ग़ायब करते हैं वो इन बच्चों का करते क्या हैं? बचपन कहाँ दम तोड़ता है? बच्चों की खिलखिलाहट कहाँ और कब रुदन में बदल जाती है? उनकी नन्ही-नन्ही किलकारियाँ कहाँ दम तोड़ती हैं?

दृश्य-6

माँ : छुटकी बैठ जा। इतनी सारी जूँ तेरे सिर में पता नहीं कहाँ से आ जाती हैं?

बेटी : ख़रीद के लायी हूँ माँ।

बेटी-2 : मैंने देखा था माँ, वो बनिये का बेटा है ना, इसके सिर में जूँएँ डाल रहा था।

बेटी-1 : बताती हूँ तुझे *(दोनों लड़कियाँ लड़ने लगती हैं, माँ उन्हें मारती है)*

माँ : जा, जाकर तैयार हो जा। स्कूल नहीं जाना तुझे?

आदमी-1 : अरे चाची! स्कूल भेज कर क्या करेगी? मेरे साथ शहर भेज दे, कहीं अच्छा काम-वाम लगवा दूँगा।

आदमी-2 : अरे चाची, तनख़्वाह घर में आ जायेगी, सब ठीक हो जायेगा।

औरत : अरे पढ़ कर क्या करना है? शहर भेज दे अपनी बेटी को।

माँ : वह इतनी छोटी-सी तो है कौन ध्यान रखेगा इसका वहाँ पर?

आदमी-1 : अरे हम हैं ना, हम रखेंगे इसका ध्यान। तनख़्वाह घर में आयेगी, गाँव से ग़रीबी हटेगी। अरे लड़की तो पैसा बनाने की मशीन है, मशीन।

आदमी-2 : हाँ चाची मशीन है, मशीन।

आदमी-1 : अबे चाची मशीन नहीं है, लड़की मशीन है।

औरत : अरे तुझको विश्वास नहीं हम पर? हर साल 25-30 लड़कियाँ ले जाते हैं हम गाँव से शहर और ख़ूब नौकरियाँ लगवाते

हैं। निकाल पैसे *(आदमी-1 से)*। लो जी पाँच हज़ार रुपये और लड़की हमारी।

आदमी-1 : अरे चाचा कहाँ है?

माँ : मुआ कहीं शराब पीकर पड़ा होगा।

आदमी-1 : लो चाचा भी आ गये! यह लो चाचा दो सौ रुपये, शाम की दारू और चखना का जुगाड़ हो गया तेरा।

आदमी-1 : *(लड़की से)* अरे चलेगी मेरे साथ? आ-जा चल।

लड़की-2 : माँ, मैं भी जाऊँगी दीदी के साथ।

माँ : ना इसे ना भेजूँगी अभी!

आदमी-1 : अरे अभी तू सब्र रख, तुझे अगले साल लेकर चलेंगे, तब तक खा-पीकर तन्दुरुस्त हो जा थोड़ी।

सूत्रधार संवाद-2

चाइल्ड ट्रैफ़िकिंग और मज़दूरी में बहुत गहरा रिश्ता है। हर साल बिहार, बंगाल, उड़ीसा, झारखण्ड जैसे राज्यों से ग़रीबी की मारी लड़कियाँ बहला-फुसलाकर शहरों में मज़दूरी कराने के लिए लायी जाती हैं। सपने दिखाये जाते हैं पैसों के, अच्छी ज़िन्दगी के। ग़रीबी से तंग आये माता-पिता उन्हें दलालों के साथ शहर भेज देते हैं। शहर में वो कब बिक जाती हैं, कब प्लेसमेण्ट एजेंसियों के शोषण का शिकार होती हैं पता भी नहीं चलता। ग़ैर-क़ानूनी ढंग से काम करने वाली हज़ारों प्लेसमेण्ट कम्पनियाँ शहरों में काम कर रही हैं। ये दलाल इन लड़कियों को अलग-अलग जगहों पर काम-धन्धे में लगा देते हैं।

कट-टु-कट

अभिनेता-1 : अरे निकम्मी, जल्दी-जल्दी काम कर! इतना सारा काम पड़ा है।

अभिनेता-2 : बुख़ार है तो मैं क्या करूँ? जा, जाकर काम कर।

अभिनेता-3 : आधा घण्टा हो गया पानी का गिलास कहाँ है?

अभिनेता-4 : आटा ख़त्म हो गया? कहाँ गया आटा? जितना खाती है, उतना काम भी किया कर ।

अभिनेता-5 : हर वक़्त रोती रहती है, हाथ जल गया तो क्या हुआ? जा, जाकर पोछा लगा।

अभिनेता-6 : सिर में दर्द है तो क्रोसीन खा ले, चल उठ मेहमान आने वाले हैं।

अभिनेता-7 : सुबह से खाना नहीं खाया तो मैं क्या करूँ? जाकर बाथरूम साफ़ कर।

अभिनेता-8 : अरे, यहाँ क्या पड़ी है? काम क्या तेरा बाप करेगा?

अभिनेता-9 : पंखा चला कर क्या कर रही है, चल बन्द कर इसे।

अभिनेता-10 : कुत्ते के बिस्कुट कल ही मँगवाये थे, कहाँ गये? तू तो नहीं खा गयी?

(एक लड़की नौकरानी के रूप में घेरे में बैठती है सभी एक्टर उसको पैरों से फुटबॉल की तरह लात मारकर इधर-उधर लुढ़काते हैं। हर नम्बर के साथ आवाज़ ऊँची होती जाती है।)

सभी अभिनेता : बिस्किट 1

बिस्किट 2

बिस्किट 3

बिस्किट 4

बिस्किट 5

बिस्किट 6

बिस्किट 7

बिस्किट 8

बिस्किट 9

बिस्किट 10

(लड़की बेसुध होकर बीच में लुढ़क जाती है।)

सूत्रधार संवाद-3

बेहतर ज़िन्दगी के सपने दिखा कर बँधुआ मज़दूर बना दिया जाता है। 24 घण्टे ड्यूटी देने वाले। पुराने ज़माने में भी रोमन दासों के आराम करने का वक़्त तय होता था लेकिन यहाँ 24 घण्टे की नौकरी। छोटी-छोटी लड़कियाँ जिनकी उम्र स्कूल जाने की होती है, वो आपके और हमारे घरों में काम करती हैं। ये भी चाइल्ड ट्रैफ़िकिंग का बीभत्स गन्दा रूप है। न ही इनको न्यूनतम वेतन (Minimum-Wages) मिलता है और न ही इन पर कोई लेबर-लॉ लागू होता है। छोटे-छोटे लड़कों को बहला-फुसला कर कालीन बुनने के धन्धे में लगा दिया जाता है। जहाँ उनके माँ-बाप को एकमुश्त पैसा देकर इनको ख़रीद लिया जाता है और ये ज़िन्दगी भर के लिए बँधुआ मज़दूर बन जाते हैं।

सूत्रधार संवाद-4

बच्चों को ख़रीदने-बेचने और मज़दूरी के धन्धे के साथ-साथ कई बार इन्हें अवैध कामों में भी लगाया जाता है। भीख माँगने का धन्धा, नशे का धन्धा, चोरी-चकारी का धन्धा। यहाँ तक कि उनके शरीर के अंग निकालकर बेचे जाते हैं। क्या ये बच्चे हमारे आज़ाद मुल्क का हिस्सा नहीं हैं? क्या इनकी अपनी ज़िन्दगी नहीं है? बच्चों को उठाने का, ग़ायब करने का, लालच देकर उनको ख़रीदने का या उनके माँ-बाप को सपने दिखा कर, बच्चों को शहर में लाकर काम-धन्धे में डालने का ये जो समानान्तर बिज़नेस चल रहा है, ये बिज़नेस, ये शायद हमारी चिन्ता के विषय में भी नहीं है क्योंकि ज़्यादातर ये बच्चे ग़रीब घरों के होते हैं जिनके माँ-बाप के पास ज़िन्दगी की ज़रूरतों को पूरा करने के लिए साधन नहीं होते, पैसा नहीं होता, रहने के लिए घर नहीं होता। ऐसे ग़रीब बच्चे ग़ायब हों, उनका

सेक्सुअल हैरेसमेण्ट हो, मज़दूरी करें या चोरी-चकारी करें या फिर भीख माँगने लगें इससे हमारे सभ्य समाज को क्या अन्तर पड़ता है?

हाशिये पर फेंके गये ये लोग हमारी चिन्ता का विषय हो ही नहीं सकते और ये ही वजह है कि ये धन्धा इतना वैल-ऑर्गेनाइज़्ड है कि क़ानून उन तक पहुँच ही नहीं पाता। हर साल हज़ारों बच्चे विदेशों में सप्लाई हो जाते हैं, लाखों लड़कियाँ शारीरिक धन्धे में डाल दी जाती हैं। हज़ारों बच्चे कहीं से लाकर छोटे-मोटे उद्योग-धन्धों में बेच दिये जाते हैं। सैकड़ों बच्चों के अंग निकालकर अमीरों के शरीर में ट्रांसप्लाण्ट कर दिये जाते हैं। ग़रीब होने की इतनी बड़ी सज़ा? चाइल्ड ट्रैफ़िकिंग का सीधा रिश्ता ग़रीबी से है, मजबूरी से है, व्यवस्था से है, साधन विहीनता से है।

दृश्य-7

माँ : साहब! हमारी लड़की पिछले 6 दिनों से ग़ायब है।

पुलिस वाला-1 : ग़ायब है तो मैं क्या करूँ? सारे काम छोड़ कर तेरी लड़की ढूँढूँ? कहीं भाग गयी होगी किसी लौंडे के साथ।

माँ : नहीं साहब, वह बहुत छोटी है, 12 साल की है।

पुलिस वाला-2 : आजकल छोटी लड़कियाँ ज़्यादा पटाखा होती हैं और मिश्रा जी आपने भी तो बहुत पटाखे जलाये हैं... कहीं कल वाला पटाखा इसी का तो नहीं था?

माँ : पर साहब...

पुलिस वाला-1 : अरे मेरे पास और भी काम है, चल बाहर बैठ।

माँ : साहब 6 दिन हो गये आते हुए, आपने रिपोर्ट तक नहीं लिखी है।

पुलिस : मैं चोरी की रिपोर्ट लिखूँ, डकैती की लिखूँ, मर्डर की लिखूँ या तेरी लड़की के भाग जाने की रिपोर्ट लिखूँ? अरे तू आराम से बैठ, तेरी लड़की जहाँ भी गयी होगी, सुखी ही

होगी। जितनी लड़कियाँ ग़ायब होती हैं, वे सब सुखी हो जाती हैं। मजे में रहती हैं।

माँ : साहब, मेरी बेटी की रिपोर्ट लिख लो। उसे ढूँढ़ दो साहब। हाथ जोड़ती हूँ...

(तभी मन्त्री के आफ़िस से फ़ोन आता है)

पुलिस वाला 2 : हाँ जी सर! जी सर! सर आज शाम तक ढूँढ़ कर आपकी कोठी तक पहुँचा देंगे। जी सर! जी सर!

(फ़ोन रखकर सिपाही से) पाण्डेय जी, मन्त्री जी की भैंस खो गयी है उसको ढूँढ़ो। मिनिस्टर साहब की भैंस खो गयी है। इस औरत को बाहर निकालो। चल भाग यहाँ से।

सूत्रधार संवाद-5

लड़कियाँ भागती नहीं हैं उन्हें भगाया जाता है, उन्हें उठाया जाता है, ताक़तवरों की नज़र में वर्दी वालों की नज़र में वो 'सुखी' हो जाती हैं, ज़िन्दगी भर 'मज़े' से रहती हैं क्योंकि उनको 'सेवा' के लिए भगाया जाता है। उनको दूसरों के घरों में काम करने के लिए, मालिकों के शरीर को सुख देने के लिए, समाज में दासों की परम्परा को कायम रखने के लिए भगाया जाता है। किसी की भैंस खो जाये तो पूरा सिस्टम भैंस ढूँढ़ने में लग जाता है, सारे पुलिस वाले लग जाते हैं क्योंकि भैंस मन्त्री जी की है। लेकिन किसी का बच्चा खो जाये तो उसकी रिपोर्ट तक दर्ज नहीं होती।

दृश्य-8

मालिक : जल्दी-जल्दी काम करो, हाथ टूट गये हैं क्या?

बच्चा-1 : सुबह से कुछ नहीं खाया साहब, कुछ खाने को ही दे दो।

मालिक : पहले इसको बुन, अभी आधा मीटर भी नहीं बुना है। जल्दी-जल्दी हाथ चला। और तेरा कालीन कहाँ हैं? अरे तू क्या कर रहा है?

बच्चा-2 : तबीयत ठीक नहीं है, भूख लग रही है।

मालिक : सालों काम के नाम पर बहाने बनाते हो? जब तेरा बाप यहाँ छोड़ कर गया था तो पैर पकड़ रहा था। दो साल के पूरे आठ हज़ार रुपये दिये हैं तेरे बाप को! जल्दी-जल्दी हाथ चला और काम कर।

बच्चा-3 : आ-आ-आ *(हाथ पकड़कर चीखते हुए रोता है)*

मालिक : क्या हुआ?

बच्चा-3 : हाथ कट गया, धागे से हाथ कट गया!!

मालिक : अबे कट गया तो चिल्ला क्यों रहा है? इमामदीन, माचिस दियो। इसका हाथ पकड़, हाँ ला, मसाला लगा। ला मसाला डाल... लगा, लगा, पकड़ डाल मसाला, माचिस जला। बस, बस-बस-बस हो गया...*(लड़के के घाव पर माचिस की तिल्ली का मसाला मसलकर भर देते हैं। लड़का चीखता चिल्लाता है।)*

बच्चा 3 : आआआ... आआआ... आआआ...

दृश्य-9

मामा : क्यों ठीक है ना ये?

औरत : कितने?

मामा : बीस हज़ार

औरत : बीस हज़ार? इसके? अरे यह तो ठीक से खिली भी नहीं है। इसकी तो छाती भी ठीक से नहीं दिख रही। चल हट! बीस हज़ार...?

मामा : क्या बात कर रही हो? आजकल बहुत मुश्किल हो गया है। बड़ी मुश्किल से लेकर आया हूँ। हर थोड़े दिन में इसे हारमोंस के इंजेक्शन लगाना, छह महीने में खिलकर कली हो जायेगी।

औरत : मैं छह महीने इसके कली बनने का इन्तज़ार करूँ? चल पन्द्रह हज़ार और सुन अगली बार आइयो तो इससे थोड़ी छोटी उम्र की लेकर आइयो, तकरीबन 10-11 साल की।

मामा : अरे, अभी तो कह रही थी छोटी है, छाती भी नहीं उभरी और अब कह रही हो इससे भी छोटी चाहिए।

औरत : हाँ-हाँ, कुछ कस्टमर हैं जिन्हें छोटी ही चाहिए।

मामा : कौन से कस्टमर?

औरत : अरे तू छोड़ ना! बहुत से कस्टमर हैं जिन्हें छोटी ही चाहिए। *(लड़की से)* क्या नाम है तेरा?

लड़की : मधु!

औरत : अरे बड़ा मधुर नाम है! चल कपड़े उतार...क्या कहा? नहीं उतारेगी? अरे मुझे देखना है तेरे 'वो' कैसे हैं?

लड़की : मामा ने कहा था स्कूल में दाखिला करवाएँगे। मैं गाँव में चौथी क्लास में पढ़ती थी। मामा ने कहा था शहर में मुझे हॉस्टल में रखेंगे, जहाँ अच्छा-अच्छा खाना मिलेगा। मैं कपड़े क्यों उतारूँ?

औरत : अरे अच्छे कपड़े पहनाऊँगी इसलिए तो कह रही हूँ कपड़े उतार।

लड़की : मामा के सामने नहीं...

औरत : अरे मामा के सामने ही उतारने पड़ेंगे।

लड़की : नहीं *(औरत लड़की को 5-6 तमाचे मारती है)*

औरत : मत उतार, कुछ दिनों बाद दुनिया तेरे कपड़े उतारेगी इसलिए तो ले रही हूँ तुझे। सुन मामा, चल तू ही इसको बड़ा कर दे, एक हज़ार रुपये ज़्यादा ले लियो। तू ही इसकी नथ उतार दे।

मामा : आ ना अभी तो शुरुआत है मधु, बहुत पैसे मिलेंगे। सोने में लद जायेगी! आ जा तुझे प्रैक्टिकल कराता हूँ। *(मामा लड़की के साथ ज़बरदस्ती बलात्कार करता है। कोरस फ़िल्मी अन्दाज़ में गाना गाता है।)*

गीत-3

बीड़ी जलाई ले, जिगर से पिया, जिगर मा बड़ी आग है
बीड़ी जलाई ले, जिगर से पिया, जिगर मा बड़ी आग है

धुआँ ना निकाली ओ लब से पिया...आह आ
धुआँ ना निकाली ओ लब से पिया, ये दुनिया बड़ी खाक है

(लड़कियाँ घेरे में खड़े होकर धीमी गति में गाना गाती हैं।)

गीत-4

दिल है छोटा-सा, छोटी-सी आशा,
मस्ती भरे मन की, भोली-सी आशा
चाँद तारों को, छूने की आशा
आसमानों में, उड़ने की आशा
दिल है छोटा-सा, छोटी-सी आशा,
मस्ती भरे मन की, भोली-सी आशा

सूत्रधार संवाद-5

ग़रीबी से निजात पाने के लिए माँ-बाप या रिश्तेदार बच्चों को बँधुआ मज़दूर या बॉण्डेड लेबर बना देते हैं। कोयले का धन्धा हो या ईंट बनाने वाली भट्ठी, हैण्डलूम हो, एम्ब्रॉयडरी का काम हो, चावल की मिलें हों, खेती हो या कालीन बनाने का व्यवसाय या पटाखे बनाने वाली फैक्ट्रियाँ। इनमें काम करने वाले ज़्यादातर बच्चे बँधुआ मज़दूर होते हैं जिन्हें कुछ पैसों के लालच में या उधार लेकर माँ-बाप दलालों के पास छोड़ जाते हैं।

प्रशासन सब जानता है। यह सब होता है लोकल पुलिस और लेबर इंस्पेक्टर की जानकारी में, लेकिन ज़्यादातर रिश्वत लेकर या पैसे खाकर सब कुछ नज़रअन्दाज़ कर दिया जाता है। आने वाले समय में यह और भी ख़तरनाक होगा, क्योंकि बाल मज़दूरी के नियमों में जो बदलाव हुआ है उसकी आड़ लेकर मालिक और ज़्यादा मज़बूत होंगे।

अगर किसी बच्चे की बाल-मज़दूरी के बारे में बतायें तो मालिक कहेगा ये मेरे चाचा के भतीजे के मामा का बेटा है। फैमिली बिज़नेस में 14 साल से कम उम्र के बच्चों को शामिल करने का जो अमेण्डमेण्ट अभी हुआ है वह आने वाले समय में और ज़्यादा ख़तरनाक होगा। यह बच्चे ऐसे बच्चे हैं जिनकी आवाज़ नहीं है, जिनके पक्ष में बोलने वाला कोई संसद में नहीं बैठा है, जिनके लिए नियम बनाने वाले लोग उनके बारे में जानते भी नहीं हैं। उनके लिए चाइल्ड ट्रैफ़िकिंग का मतलब सिर्फ़ सेक्स मार्किट से है। सेक्स के कारोबार में जो लड़कियाँ जबरन डाली जाती हैं सिर्फ़ उससे मतलब है जबकि, चाइल्ड ट्रैफ़िकिंग का मतलब किसी भी बच्चे को जबरन किसी भी काम में लगाना है चाहे वह सेक्स का काम हो इल्लीगल धन्धा हो, ड्रग का काम हो, ऑर्गेन्स का काम हो, मज़दूरी हो, मनोरंजन के धन्धे के अन्दर हो, जबरन शादी हो, डोमेस्टिक वर्कर हो, किसी भी तरह का जबरन कराया जाने वाला काम भी चाइल्ड ट्रैफ़िकिंग के अन्दर आता है।

सूत्रधार संवाद-6

ज़रूरत है इस समस्या को व्यापक रूप से देखने की, समझने की। ये अलार्मिंग स्थिति है और अगर इस पर अभी कोई क़दम नहीं उठाया गया, कोई काम नहीं हुआ तो यह आने वाले समय में और ज़्यादा गम्भीर हो सकती है; क्योंकि इसमें ग़रीबी जुड़ी हुई है, साधन विहीनता जुड़ी हुई है और पॉलिटिकल इच्छाशक्ति का अभाव जुड़ा हुआ है। इस वजह से यह मुद्दा हमारी बहस के केन्द्र में नहीं है।

ग़ायब होते बच्चे, प्रताड़ित होते बच्चे, मानसिक और शारीरिक शोषण का शिकार होते बच्चे किसी भी देश के लिए कलंक है। ज़रूरत है आवाज़ उठाने की, बोलने की,

समझने की। यह सवाल केवल उन बच्चों का नहीं पूरे देश का है। अगर हर 8 मिनट में एक बच्चा ग़ायब होता है तो यह समाज के ऊपर कलंक है, क़ानून-व्यवस्था पर कलंक है। अगर क़ानून-व्यवस्था और देश की सरकार के लिए यह प्राथमिकता नहीं है तो फिर और क्या प्राथमिकता है? ज़रूरत है सवाल उठाने की, ज़रूरत है बात करने की, ज़रूरत है मुद्दों को समझने की। चाइल्ड ट्रैफ़िकिंग का धन्धा कब तक चलेगा? आख़िर क्यों होती है चाइल्ड ट्रैफ़िकिंग? चाइल्ड ट्रैफ़िकिंग हमारी चिन्ता का विषय क्यों नहीं है? क्यों हम इस पर बात नहीं करते? क्यों हम इसे एक गम्भीर समस्या नहीं मानते?

उठें, बोलें, बात करें, सवाल उठायें, तब शायद लाखों बच्चों का भविष्य शोषित होने से बच पायेगा।

गीत-5

वो सुबह कभी तो आयेगी
इन काली सदियों के सर से जब रात का आँचल ढलकेगा
जब दुख के बादल पिघलेंगे जब सुख का सागर झलकेगा
जब अम्बर झूम के नाचेगा जब धरती नगमे गायेगी
वो सुबह कभी तो आयेगी

दौलत के लिए जब औरत की इस्मत को ना बेचा जायेगा
चाहत को ना कुचला जायेगा, इज्ज़त को न बेचा जायेगा
अपनी काली करतूतों पर जब ये दुनिया शर्मायेगी
वो सुबह कभी तो आयेगी

बीतेंगे कभी तो दिन आख़िर ये भूख के और बेकारी के
टूटेंगे कभी तो बुत आख़िर दौलत की इज़ारादारी के
जब एक अनोखी दुनिया की बुनियाद उठाई जायेगी
वो सुबह कभी तो आयेगी

मज़बूर बुढ़ापा जब सूनी राहों की धूल न फाँकेगा
मासूम लड़कपन जब गन्दी गलियों में भीख न माँगेगा
हक माँगने वालों को जिस दिन सूली न दिखाई जायेगी
वो सुबह कभी तो आयेगी

वो सुबह न आये आज मगर,
वो सुबह कभी तो आयेगी
वो सुबह कभी तो आयेगी

(साहिर लुधियानवी के गींत की पंक्तियों से साभार)

(समाप्त)

वो दिन

यह कैसा समाज है? जहाँ इतनी इनसेंसिटिविटी है। जहाँ पर मेंस्ट्रुअल साइकिल यानी पीरियड्स की बात करना तक गुनाह है। यह सब नेचुरल और बायोलॉजिकल प्रोसेस है, लेकिन फिर भी इस पर बात करना टैबू क्यों है?

हऊआ, हऊआ, हऊआ हऊआ हऊआ
हे हऊआ, हऊआ, हऊआ हऊआ हऊआ
इसे हऊआ ना बनाओ, अपनी समझ को बढ़ाओ
यह एक नेचुरल प्रोसेस है, इसे टैबू ना बनाओ
हऊआ, हऊआ, हऊआ हऊआ हऊआ
हे हऊआ, हऊआ, हऊआ हऊआ हऊआ

वो दिन

गीत-1

बार-बार चिढ़ा के embarrass तूने किया रे
चुप-चुप रह के मैंने सब कुछ सहा रे
अपनी बातें जब खुल के तुम्हें बतायीं
तूने मुझे बेशर्म कह के साइड किया रे

मज़ाक़ बना ली बहुत, हँसी अब सह ली बहुत
चुप अब रह ली बहुत, अब करूँगी तेरे साथ
डायरेक्ट बात, डायरेक्ट डायरेक्ट डायरेक्ट डायरेक्ट डायरेक्ट
बात-2
जिसे कहते हैं सब
गन्दी बात, गन्दी गन्दी गन्दी गन्दी गन्दी बात-2

कट-टु-कट

1

लड़का-1 : कैसे धीरे-धीरे चल रही है देख तो...
लड़का-2 : वह दिन चल रहे हैं क्या तेरे?

2

लड़की-1 : तेरे पास pad है क्या?
लड़की-2 : क्या कर रही है? धीरे बोल इतने सारे लोग हैं यहाँ।
लड़की-1 : अरे, तो क्या हुआ लड़कियाँ ही तो हैं।

लड़की-2 : ऐसी बातें इतने सारे लोगों के सामने नहीं करते।

3

लड़का-1 : इधर आ! इधर आ! कुर्ते के पीछे सॉस लग गयी...

कोरस : लागा चुनरी में दाग छुपाऊँ कैसे, लागा चुनरी में दाग...

4

लड़की : यह क्या कर रहा है छोड़ मेरा बैग! लड़कियों के बैग को हाथ नहीं लगाते।

लड़का : ऐसा क्या होता है लड़कियों के बैग में दिखा तो ज़रा।

5

लड़की : मीनाक्षी, मुझे आज सुबह-सुबह पीरियड्स हो गये।

लड़का-1 : कौन से पीरियड्स? इंगलिश वाले या बायलॉजी वाले।

लड़का-2 : अबे बायलॉजी वाले ही होंगे!

6

लड़की-1 : यार मुझे पीरियड्स़ हो गये बहुत टेंशन हो रही है!

लड़की-2 : टेंशन क्यों ले रही है? जब नहीं होते तब टेंशन होती है।

7

बेटी : माँ मुझे बहुत ख़ून आ रहा है, पता नहीं क्यों?

माँ : अच्छा तू अब स्कूल मत जाना, दही मत खाना, रसोई में मत जाना, पापड़ मत खाना। यह टाइट कपड़े तो बिल्कुल नहीं चलेंगे, चप्पल भी नहीं चलेगी। नहाना मत, बाल तो बिल्कुल भी मत धोना और सुन तेरी केले के पेड़ से शादी भी तो करानी है। चुप रहना किसी से कुछ कहना मत।

बेटी : साँस ले लूँ?

8

लड़का : सुन, मैडम तुझे अलग से कहाँ पर लेकर गयी थीं?

लड़की : कहीं नहीं, कहीं नहीं!

लड़का : और तू यह बैग में क्या छुपा रही है?

लड़की : कुछ नहीं, कुछ भी तो नहीं!

9

माँ : क्या हुआ तू आज स्कूल क्यों नहीं गयी?

बेटी : माँ कपड़े गन्दे हो जाते हैं, फिर स्कूल में सब मज़ाक़ बनाते हैं।

10

औरत : सर मुझे छुट्टी चाहिए। मेरी back में बहुत पेन हो रहा है और cramps भी आ रहे हैं।

आदमी : तुम्हारा हर महीने का यही नाटक होता है। अगर इतनी ही छुट्टी करनी थी तो इससे अच्छा मैं किसी मेल एंप्लॉय को ना रख लेता! बाकी लड़कियों को तो इतनी प्रॉब्लम नहीं होती, तुम अलग हो क्या?

11

लड़का-1 : सुन-सुन तुझे पता है कल कल्पना की यूनिफॉर्म गन्दी हो गयी थी?

लड़का-2 : कैसे?

लड़का-1 : उसके पीरियड जो चल रहे हैं!

लड़का-2 : अबे पीरियड्स तो हमारे भी चलते हैं वह भी 8-8 दिन, बिना ब्रेक के।

लड़का-1 : तुझे नहीं पता पीरियड्स क्या होते हैं?

लड़का-2 : नहीं।

लड़का-1 : वही जो कुर्ते के पीछे सॉस लग जाती है।
(लड़के हँसते है।)

12

बेटी : माँ, आज स्कूल में वर्कशॉप थी। वह पीरियड्स के बारे में बता रहे थे।

माँ : हे भगवान, तेरे स्कूल में ऐसी-ऐसी बातें सिखाते हैं! कलमुँही यह सब सीखने जाती है स्कूल में?

कोरस : बार-बार चिढ़ा के embarrass तूने किया रे
चुप-चुप रह के मैंने सब कुछ सहा रे
अपनी बातें जब खुल के तुम्हें बतायीं
तूने मुझे बेशर्म कह के साइड किया रे

दृश्य-1

लड़की : भैया, वह देना!

कैमिस्ट : मैडम, क्या वह?

लड़की : अरे भैया, वह...

कैमिस्ट : मैडम, वही तो पूछ रहा हूँ क्या वह...

लड़की : वही जो ऑरेंज पैकेट में है।

कैमिस्ट : अच्छा ग्लूकोज़! तो ऐसा बोलिए ना। छोटू एक ग्लूकोज़ निकाल दे बेटा...

लड़की : भैया, ग्लूकोज़ नहीं पैड चाहिए।

कैमिस्ट : अच्छा! छोटू एक पैड निकाल दे और अख़बार में लपेट कर, काली पॉलीथिन में पैक करके दे दे।

लड़की : छोड़ो भैया, ऐसे ही दे दो।

कैमिस्ट : ऐसे ही दे दूँ? फिर तो मैडम सबको पता चल जायेगा कि आपके 'वो दिन' चल रहे हैं।

दृश्य-2

कोरस : गुड मॉर्निंग सर...

टीचर : बच्चों नेक्स्ट चैपटर इज़...

सभी छात्र : रिप्रोडक्शन!!!!

टीचर : ऐसा करना यह चैप्टर घर से पढ़ कर आना।

छात्र-1 : सर पूरे साल तो इसी चैप्टर के लिए वेट किया है। अब आप कह रहे हैं घर से पढ़ कर आना! पढ़ाओ ना सर!

छात्र-2 : शर्मा सर ने तो अपनी क्लास में पढ़ा दिया है। आप क्यों नहीं पढ़ा रहे?

टीचर : अपनी मम्मी से पूछ कर आना, तुम पैदा कैसे हुए थे, पता चल जायेगा!!

दृश्य-3

लड़की : सुनो मैं तुम्हारे बहुत से काम करती हूँ, तुम्हें भी मेरा एक काम करना पड़ेगा।

लड़का : क्या?

लड़की : मेरे लिए केमिस्ट की शॉप से पैड लेकर आओ।

लड़का : तुम पागल हो गयी हो? मैं दुकानदार से क्या कहूँगा?

लड़की : सबके ब्वॉयफ्रेंड लाते हैं। लिखकर दे रही हूँ ले आना।

कैमिस्ट : बोलिए भाई साहब क्या दूँ?

लड़का : दो डिस्प्रिन दे दो और...यह भी

कैमिस्ट : भाई साहब, कौन-सा दूँ? अल्ट्रा लाइट, अल्ट्रा थिन, एक्स्ट्रा लोंग, एक्स्ट्रा लोंग, एक्स्ट्रा लार्ज...

लड़का : तू डिस्प्रिन ही दे दे!

कैमिस्ट : भाई साहब बाकी पैसे तो लेते जाइए।

लड़का : नहीं चाहिए तू ही रख ले।

गीत-2

हऊआ, हऊआ, हऊआ हऊआ हऊआ
हे हऊआ, हऊआ, हऊआ हऊआ हऊआ
इसे हऊआ ना बनाओ, अपनी समझ को बढ़ाओ
यह एक नेचुरल प्रोसेस है, इसे टैबू ना बनाओ
हऊआ, हऊआ, हऊआ हऊआ हऊआ
हे हऊआ, हऊआ, हऊआ हऊआ हऊआ

सूत्रधार संवाद-1

लोग सोचते हैं कि मेंस्ट्रुअल साइकिल यानी कि पीरियड्स लड़कियों की प्रॉब्लम है। वह समझते हैं यह लड़कियों का इशू है। क्या सच में यह सिर्फ़ लड़कियों की प्रॉब्लम है? क्या यह कोई बीमारी है? लोग बातचीत करने से कतराते

हैं, मुँह तक नहीं खोलते, छुपा के रखते हैं, कमेण्ट पास करते हैं, कहते हैं औरतों की समस्या है इसलिए चर्चा तक नहीं करते। जब लड़की को सबसे ज़्यादा मेंटल और साइकोलॉजिकल सपोर्ट की ज़रूरत होती है तब ही उसे अकेला छोड़ दिया जाता है। मन्दिर हो या किचन हो, हर जगह वर्जित कर दी जाती है। यह अपवित्रता का सवाल आया कहाँ से?

दृश्य-4

ड्राइवर : अरे शाहदरा, शाहदरा, शाहदरा, 5 रुपये, शाहदरा शाहदरा आ गया है, जिसको उतरना है उतर जाओ।

कण्डक्टर : अरे मैडम जी क्या किया आपने? पूरी सीट गन्दी कर दी।

पैसेंजर 1 : मैडम ने तो पूरी सीट लाल कर दी।

पैसेंजर 2 : भैया लौंडिया में स्टैमिना बहुत है।

पैसेंजर 3 : मैडम ऐसे टाइम पर घर में बैठा करते हैं। आप बाहर घूम रही हो?

दृश्य-5

टीचर : Ok class the next identity is a^2+b^2+2ab is equal to...

क्लास : a+b का whole square……

लड़की : Sir may I go to the toilet...?

टीचर : No, sit down.

लड़की : Sir please sir...

टीचर : No, sit down.

लड़की : Sir please…

टीचर : I said sit down!!...

लड़का : She is bleeding madam.

टीचर : Get up! Get up and get out! And listen, you are a very dirty girl …a^2+b^2+2ab is equal to…

क्लास : a+b का whole square...RED SPOT...

दृश्य-6

लड़की-1 : पूजा, मुझे बहुत अनकम्फर्टेबल लग रहा है, प्लीज़ मेरे साथ चल ना।

लड़की-2 : क्लास ख़त्म होने दे उसके बाद चलेंगे।

लड़की-1 : रिसैस कब होगी?

लड़का-1 : अरे इसने तो पूरा गन्दा कर दिया।

लड़का-2 : अरे किताब में क्या पढ़ रहा है... रिप्रोडक्शन? यह देख सामने लाइव एक्ज़ाम्पल खड़ा हुआ है।

लड़का-3 : यह तो पूरा का पूरा लाल हुआ पड़ा है।

लड़का-4 : भाई इसकी तो फट गयी।

लड़का-5 : नदी बह गयी।

लड़का-6 : पर यह सब निकला कहाँ से?

लड़का-7 : इतनी बड़ी हो गयी पर अभी तक बिस्तर गीला करना नहीं छोड़ा इसने।

सूत्रधार संवाद-2

यह कैसा समाज है? जहाँ इतनी इनसेंसिटिविटी है। जहाँ पर मेंस्ट्रुअल साइकिल यानी पीरियड्स की बात करना तक गुनाह है। यह सब नेचुरल और बायोलॉजिकल प्रोसेस है, लेकिन फिर भी इस पर बात करना टैबू क्यों है? हम अगर पब्लिकली बात करेंगे तो क्या हो जायेगा?
टैबू टूटेंगे, अण्डरस्टैण्डिंग बढ़ेगी।

(भीड़ में से एक अभिनेता दर्शक रूप में सवाल पूछता है।)

दर्शक : मैडम जी ये तो लड़कियों की समस्या है, हमें सब पता है आप हमें लड़कियों की बायलॉजी क्यों समझा रहे हो? क्या ज़रूरत है इसे जानने की? मैं क्यों इन सबके बारे में

सोचूँ? लड़कियों की प्रॉब्लम है वह ख़ुद सुलझेंगी। कुदरत ने कुछ समस्या पैदा की है तो सोच-समझकर ही की होगी।

सूत्रधार : चलो ठीक है अब लड़कियों की बायलॉजी बन्द, लड़कों की बायलॉजी पर बात करते हैं।

जब तुम्हें पहली बार नाइटफॉल हुआ था तो क्या लगा था? कैसा महसूस हुआ था तुम्हें?

दर्शक : *(शर्माते हुए)* मतलब...ये क्या बात हुई?

सूत्रधार : तुमने नाइटफॉल के बाद मम्मी से बात की थी?

दर्शक : नहीं।

सूत्रधार : अपने पापा को बताया था?

दर्शक : नहीं।

सूत्रधार : क्यों?

दर्शक : मुझे कुछ समझ नहीं आया था... शर्म आ रही थी। दोस्तों से बात की थी...पर उन्हें भी ज़्यादा पता नहीं था।

सूत्रधार : तो सोचो, इस पुरुष प्रधान समाज में लड़कियों को क्या महसूस होता होगा, कैसा लगता होगा। तुम कह रहे हो कि इस विषय को यहाँ उठाने की क्या ज़रूरत है...लड़कों में नाइटफॉल आज भी टैबू माना जाता है। जब उन्हें पहली बार नाइटफॉल होता है तो वह डर जाते हैं, बौखला जाते हैं कि भैया क्या हो गया मेरे साथ! सोते हुए सपना आता है, अचानक उन्हें जाँघों के बीच गीलापन महसूस होता है। माता-पिता से बात करने की हिम्मत नहीं होती इसलिए या तो किसी दोस्त से बात करते हैं या किसी नीम-हकीम के पास जाते हैं। कुछ लड़के तो यह समझते हैं कि मैं कभी बाप नहीं बन पाऊँगा। बहुत देर बाद जा कर समझ आता है कि यह एक नेचुरल प्रोसेस है।

इसी तरह लड़कियाँ भी शुरुआत में हिचकिचाती हैं, डरती हैं, घबराती हैं। बहुत हिम्मत करके माँ के पास जाती हैं, बताती हैं कि क्या हुआ है। माँ समझाती है उसे, बताती है कि क्या करना है और क्या नहीं करना है। यह बात

किसी और को मत बताना। अगर गाँव है तो वह लड़की को कपड़ा देती है, शहर है तो लड़की को पैड देती है। इस्तेमाल करना सिखाती है। काली पॉलीथिन में लपेटकर, घर की किसी कपबोर्ड में बहुत सारे कपड़ों के नीचे, लॉकर के अन्दर लॉक करके रखते हैं कहीं पापा की नज़र ना पड़ जाये, भाई ना देख ले जैसे कोई गुनाह कर दिया हो, पाप कर दिया हो। जो इतना स्वाभाविक है उसे इतना अननेचुरल बना देते हैं कि वह ज़िन्दगी भर का गिल्ट बन जाता है। छुपा-छुपा के उसे सीक्रेट बना देते हैं जो माँ और बेटी, बहन और बहन, लड़की और लड़की के बीच की ही बात है बाहर किसी को पता नहीं लगनी चाहिए। पता चल गया तो क्या पहाड़ टूट जायेगा?

ज़्यादातर लड़के यह तक नहीं जानते कि वह पैदा कैसे हुए।

भाई साहब आप पैदा कैसे हुए?

दर्शक : नहीं पता।

सूत्रधार : और भाई साहब आप?

दूसरा दर्शक : जी बस हो गये।

सूत्रधार : हम सोचते हैं कि लड़के बहुत ओपन होते हैं, सब कुछ जानते हैं लेकिन लड़कों का भी अपना एक संसार है, उनके भी टैबू हैं जो वह शायद सबसे ओपनली शेयर करना चाहते ही नहीं है। जो वेज और नॉनवेज चुटकुले के रूप में हमारे सामने आते हैं। ऐसा ही एक स्टीरियोटाइप है मेंस्ट्रुअल साइकिल या मासिक धर्म।

एक बहुत बड़ा चमत्कार है हमारा पैदा होना। जो हमारे माँ बाप के प्यार के अलावा, X और Y के मिलने के अलावा बहुत बड़ी मिस्ट्री है। कैसे एक छोटा-सा ऐग, छोटा-सा स्पर्म एक पूरा आकार ले लेता है। कैसे हमारी आँखें बनती हैं, कान बनते हैं, मुँह बनता है। कैसे पूरा शरीर बनकर तैयार हो जाता है। फिर मेंस्ट्रुअल साइकिल, पीरियड, मासिक धर्म वर्जित शब्द क्यों हैं? टैबू क्यों है? लड़कियों के लिए गिल्ट फैक्टर क्यों है?

हिन्दुस्तान में आज भी 80% से अधिक महिलाएँ पीरियड के वक़्त पुराना कपड़ा, पुराने लिहाफ़ से निकली हुई रूई, राख, पत्ते, यहाँ तक कि अपने पति की पुरानी जुराबें इस्तेमाल करती हैं। सिर्फ़ इसलिए कि किसी को पता ना चल जाये कि उनके साथ क्या हो रहा है। कोई उसका दर्द नहीं समझता। उस पर क्या बीत रही है कोई नहीं समझता। सास कहती है, कोने में बैठ जा, इसे हाथ मत लगा, पति कहता है कामचोर है एक नम्बर की तू, काम-वाम करना नहीं बस बहाने बनाने हैं। उसके साथ ऐसे बिहेव किया जाता है जैसे वह कोई घृणा की चीज़ हो। शहर में आ जाओ, यही चीज़ बदल जाती है तिरछी नज़रों में, उल्टी बातों में, मज़ाकों में या फिर टीवी पर आ रही एडवर्टाइजमेण्ट में। जिसमें बताया जाता है कि नॉर्मल कैसे रहें।

दृश्य

बेटी : माँ, मुझे स्कूल जाना है।

माँ : महीने के वह दिन चल रहे हैं, तुझे बाथरूम के पास रहना चाहिए। मैं तुझे स्कूल नहीं जाने दूँगी।

बेटी : पर मेरा एग्ज़ाम है।

माँ : मैं कुछ नहीं जानती, तू नहीं जायेगी।

लड़की : परेशान मत हो, आपकी समस्या का हल है मेरे पास, सिर्फ़ 26 रुपये में।

कोरस : सिर्फ़ 26 रुपये में।

सूत्रधार संवाद-3

फुसफुसाना या फिर वह दिन, खुशियों को लग गये पंख। यह क्या बात है भैया? एक नेचुरल प्रोसेस को नेचुरल प्रोसेस की तरह क्यों नहीं रखते? एक नॉर्मल चीज़ को

एब्नॉर्मल बनाकर क्यों बेचते हैं? यह कौन-सी मानसिकता है? ज़रूरत है बात करने की, संवाद करने की, जानने की, समझने की, ज़रूरत है अपने आसपास देखने की। अगर हम आगे बढ़कर कोशिश करें तो हज़ारों सालों से चल रही धारणाओं को तोड़कर हम एक ऐसी सोच विकसित कर सकते हैं जिससे हम अपने शरीर को जान पायें, अपने आप को जान पायें। शायद यह पहला स्टैप होगा जेंडर डिस्क्रिमिनेशन को ख़त्म करने की तरफ़। हमें शायद फुसफुसाने की, चुप रहने की, जेंडर सीक्रेट की ज़रूरत नहीं पड़ेगी उसके बाद। अगर लड़के और लड़कियों के अन्दर कोई भेद ना हो तो लड़कियों के महीने के वह दिन शर्मिन्दगी की बात, गिल्ट की बात नहीं रहेंगे। आज ज़रूरत है कि हम करें डायरेक्ट बात।

गीत

डायरेक्ट बात, डायरेक्ट डायरेक्ट डायरेक्ट डायरेक्ट डायरेक्ट बात

जिसे कहते हैं सब गन्दी बात, गन्दी गन्दी गन्दी गन्दी डायरेक्ट बात-2

(समाप्त)

हटके-बचके

मेरी मर्ज़ी! मेरी मर्ज़ी!
मैं बिना हेलमेट बाइक चलाऊँ मेरी मर्ज़ी
मैं इण्डिया गेट पर स्टंट दिखाऊँ मेरी मर्ज़ी
मैं बिना हेलमेट बाइक चलाऊँ मेरी मर्ज़ी
मैं इण्डिया गेट पर स्टंट दिखाऊँ मेरी मर्ज़ी
मैं चाहे यहाँ काटूँ, मैं चाहे वहाँ मारूँ
मैं चाहे यहाँ काटूँ, मैं चाहे वहाँ मारूँ, मेरी मर्ज़ी
मैं दारू पी के गाड़ी चलाऊँ मेरी मर्ज़ी
मैं नो एण्ट्री में एण्ट्री मारूँ मेरी मर्ज़ी

गाड़ी चले प्लेन जैसी
ट्रैफ़िक रूल्स की ऐसी-तैसी
फ़ुटपाथ पर बाइक चलाऊँ
सारे सिग्नल तोड़े जाऊँ
मेरी मर्ज़ी! है मेरी मर्ज़ी!

हटके-बचके

गीत-1

हटके बचके, हटके बचके
मेरा ट्रक आया रे
हटके बचके, हटके बचके

एक्टर 1 : दारू का एक घूँट लिया है, स्टेयरिंग कस के पकड़ लिया है...हटके-बचके, हटके-बचके।

एक्टर 2 : गाना है कैटरीना का और हैं उसके झटके
झटके, हाँ झटके, हाँ झटके, झटके, झटके

एक्टर 3 : दूर ही रहना मुझसे भैया, मैं हूँ झटका लाल

एक्टर 4 : एक ही झटके में कर देता है ये सबको हलाल
हाए, आए हाए, आए हाए, हाए, हाए, हाए

एक्टर 5 : बस मैं चलाता हूँ, ठसा-ठस ले जाता हूँ, ख़ूब स्पीड बढ़ाता हूँ, कण्ट्रोल नहीं कर पाता हूँ।
अरे गये, अरे गये, अरे गये, गये, गये, गये...

एक्टर 6 : नाम है मेरा पाण्डे, बाइक मैं चलाता हूँ, दारू के नशे में स्टंट मैं दिखाता हूँ।
अरे देख, अरे देख, अरे देख, देख, देख, देख
पै पैपै, पै पै पै पै, पै पैपै, पै पै पै पै-2

एक्टर 7 : आज का नौजवान हूँ, फ़ैशन से परेशान हूँ
गाड़ी चलाऊँ कैसे?
सल्लू भैया जैसे
ऐसे, हाँ ऐसे, हाँ ऐसे, ऐसे, ऐसे...

एक्टर 8 : फ़ुटपाथ पे लेटा आदमी दिखेगा मुझको कैसे?

एक्टर 9 : यही हाल है दिल्ली का तो बचेगी जनता कैसे?
कैसे, हाँ कैसे, हाँ कैसे, कैसे, कैसे...?

कट-टु-कट-1

1

(कोरस - पैं, पैं, पैं...)

अभिनेता-1 : अबे देख के नहीं चल सकता

अभिनेता-2 : सड़क क्या तेरे बाप की है।

2

अभिनेता-3 : देख मैंने नया हेलमेट लिया है।

अभिनेता-4 : ये? इस पर तो ISI मार्क ही नहीं है और काँच भी इससे ज़्यादा मज़बूत होगा।

अभिनेता-3 : मज़बूती छोड़, दिखने में कितना अच्छा है। सिर्फ़ 40 रुपये का है और चालान भी नहीं कटेगा।

3

अभिनेता-5 : भैया, आपने इयरफ़ोन लगा रखे हैं, और ये एम्बुलेंस कब से हॉर्न दे रही है।

अभिनेता-6 : जब तक मैं इयरफ़ोन नहीं लगाता न, मुझे किक नहीं मिलती...ले एक लीड तू भी लगा ले।

4

अभिनेता-7 : यलो लाइट हो गयी स्पीड कम कर

अभिनेता-8 : ग्रीन पे चालीस-पचास, और यलो पे अस्सी...

5

अभिनेता-9 : तुझे कहा था, घर से दो हेलमेट लेकर चल, देख आगे ट्रैफ़िक पुलिस वाले खड़े हैं और सामने रेड लाइट है।

अभिनेता-10 : अबे सामने रेड लाइट है, उस तरफ़ देख, ग्रीन लाइट...उधर से काट लेते हैं...आ जा।

6

अभिनेता-11 : जानू, ओवरटेक करो इसे

अभिनेता-12 : Anything for you, baby अक्कड़-बक्कड़ बम्बे बो अस्सी नब्बे पूरे सौ... देखा कर दिया ना पीछे

अभिनेता-11 : तुम ही तो हो मेरे हीरो

7

अभिनेता-13 : फ़ुटपाथ चलने के लिए होता है

अभिनेता-14 : चल ही तो रहा हूँ...तू पैदल चल रहा है, और मैं बाइक से चल रहा हूँ।

सूत्रधार संवाद-1

दिल्ली की सड़कों पर, ऐसे दृश्य रोज़ाना देखने को मिलते हैं। ट्रैफ़िक रूल्स तोड़ने वाले लोग कोई पेशेवर गुण्डे नहीं होते, ना ही सजायाफ़्ता अपराधी होते हैं। ये होते हैं हमारे और आप जैसे लोग जो सब कुछ जानते हुए भी ट्रैफ़िक के नियमों का उल्लंघन करते हैं।

कट-टु-कट

अभिनेता-1 : ऑफ़िस टाइम पर नहीं पहुँचता तो हाफ-डे लग जाता, एक रेड लाइट जम्प कर ली तो क्या हुआ?

अभिनेता-2 : रोड खाली पड़ी थी इसलिए बीच में से क्रॉस कर ली अब इसमें कौन-सा किसी की भैंस की पूँछ उखाड़ ली?

अभिनेता-3 : सब रॉन्ग साइड ले जा रहे थे। मैं भी ले गया तो क्या?

अभिनेता-4 : यह आजकल के बाइक वाले हवाई लौंडे, इतने गन्दे कट मारते हैं, कहीं भी बाइक घुसा देते हैं। मैंने एक बार ग़लत साइड से ओवरटेक कर लिया तो मेरा चालान काट दिया!!

अभिनेता-5 : एक तो मेरे बाल वैसे ही झड़ रहे हैं। अब हेलमेट पहन लूँगा तो गंजा नहीं हो जाऊँगा?

अभिनेता-6 : सफारी चला रहा हूँ Nano नहीं! यह 100 से नीचे नहीं जाती।

अभिनेता-7 : मेरा वज़न पहले ही 70 किलो से 50 किलो हो गया है। अब फुटओवर ब्रिज से रोड क्रॉस करूँगा तो दिखना बन्द नहीं हो जाऊँगा?

अभिनेता-8 : लेन ड्राइविंग? यह कौन-सी चिड़िया का नाम है?

अभिनेता-9 : बेल्ट कमर के लिए होती है छाती के लिए नहीं!

अभिनेता-10 : मेरे सारे दोस्त स्टंट मारते हैं। अब मैं उनके साथ स्टंट नहीं मारूँगा तो मेरी इमेज डाउन नहीं हो जायेगी?

अभिनेता-11 : मैं अपनी गाड़ी में शराब पियूँ, सिगरेट पियूँ मेरी मर्ज़ी। मेरी गाड़ी मेरी मर्ज़ी!!

गीत-2

मेरी मर्ज़ी! मेरी मर्ज़ी!
मैं बिना हेलमेट बाइक चलाऊँ मेरी मर्ज़ी
मैं इण्डिया गेट पर स्टंट दिखाऊँ मेरी मर्ज़ी
मैं बिना हेलमेट बाइक चलाऊँ मेरी मर्ज़ी
मैं इण्डिया गेट पर स्टंट दिखाऊँ मेरी मर्ज़ी
मैं चाहे यहाँ काटूँ, मैं चाहे वहाँ मारूँ
मैं चाहे यहाँ काटूँ, मैं चाहे वहाँ मारूँ, मेरी मर्ज़ी
मैं दारू पी के गाड़ी चलाऊँ मेरी मर्ज़ी
मैं नो एण्ट्री में एण्ट्री मारूँ मेरी मर्ज़ी
गाड़ी चले प्लेन जैसी
ट्रैफ़िक रूल्स की ऐसी-तैसी
फ़ुटपाथ पर बाइक चलाऊँ
सारे सिग्नल तोड़े जाऊँ
मेरी मर्ज़ी! है मेरी मर्ज़ी!

सूत्रधार संवाद-2

पिछले साल 32 हज़ार से ज़्यादा रेड लाइट जम्पिंग के केसेज़, 14 हज़ार से ज़्यादा पीकर गाड़ी चलाने के केसेज़ और 35 हज़ार से ज़्यादा rash ड्राइविंग के केसेज़ देश की राजधानी में रजिस्टर हुए। इसी साल जनवरी तक 650 से भी ज़्यादा लोग दिल्ली की सड़कों पर बेमौत मारे गये। हिन्दुस्तान में रोज़ाना हर घण्टे 16 मौतें और 60 लोग सड़कों पर घायल होते हैं। सड़कों पर जो लोग मरते हैं उसकी सबसे बड़ी वजह है head injury, जो या तो घायल आदमी को उसकी ज़िन्दगी से महरूम कर देती है या उसे ज़िन्दगी भर के लिए अपाहिज कर देती है।
(नये आँकड़े उस में जोड़े जा सकते हैं।)

लघु दृश्य-1

अभिनेता-1 : हमें रोड ज़ेब्रा क्रॉसिंग से क्रॉस करनी चाहिए, हमें रोड ज़ेब्रा क्रॉसिंग से क्रॉस करनी चाहिए, रोड ज़ेब्रा क्रॉसिंग से क्रॉस करनी चाहिए!

अभिनेता-2 : अबे चुप, क्या होती है ज़ेब्रा क्रॉसिंग? कभी देखी भी है? ...ज़ेब्रा क्रॉसिंग पे तो गाड़ी खड़ी होती है, रोड क्या घण्टा पार करेगा तू।

लघु दृश्य-2

अभिनेता-1 : चल तेरी भाभी की गलियों को छान कर आते हैं!

अभिनेता-2 : चल

अभिनेता-1 : देख रही है क्या?

अभिनेता-2 : भाई... भाभी...

अभिनेता-1 : देख रही है क्या?

अभिनेता-2 : हाँ भाई, देख रही है।

अभिनेता-1 : देख रही है?

अभिनेता-2 : हाँ भाई, बिलकुल देख रही है।

अभिनेता-1 : देख रही है?

अभिनेता-2 : हाँ देख रही है!!!

अभिनेता-1 : अब देख इस स्पीड ब्रेकर से सुपर जम्प मारता हूँ और तेरी भाभी को इम्प्रेस करता हूँ।
(एक्सीडेण्ट)

अभिनेता-2 : *(रोते हुए)* भाई...भाभी अब भी देख रही है!!

लघु दृश्य-3

अभिनेता-1 : चल आ जा, सारे चलते हैं पिक्चर देखने।

अभिनेता-2 : बन्दे चार हैं और बाइक एक है...जायेंगे कैसे?

अभिनेता-3 : और यार ट्रिपलिंग का चालान कट जायेगा।

अभिनेता-1 : ट्रिपलिंग का चालान है न...तभी तो चार बैठा रहा हूँ।

गीत-3

ओ गड्डी टू बाय टू, ओ कुड़िए वॉट टु डू?
ओ जाम लगा है देखो...पों पों पों पों
ओ गड्डी टू बाय टू, ओ कुड़िए वॉट टु डू?
ओ जाम लगा है देखो...पों पों पों पों
ओ गड्डी चलदी धुआँ ओ छड़दी...ओ गड्डी चलदी पों पों ओ यार
ओ गड्डी चलदी धुआँ ओ छड़दी...मैं तो धूम फ़िल्म का जॉन मेरे यार!
जदो मैं निकलूँ रोड पे...यारो टशन मैं मारदा
जदो मैं निकलूँ रोड पे...यारो टशन मैं मारदा

दृश्य-1

ड्राइवर : ओए हैप्पी!

हैल्पर : जी उस्ताद जी!

ड्राइवर : ओए हैप्पी, ले तू ट्रक चला, मुझे बहुत थकान हो रही है और नींद भी आ रही है।

हैल्पर : पर उस्ताद जी मैनु चलानी नी औंदी।

ड्राइवर : ओए डर मत, मेरे उस्ताद ने भी मैनु ऐसे ही सिखायी थी।

हैल्पर : मैनु डर लग रहा है उस्ताद जी।

ड्राइवर : डर लग रहा है! ले पेग मार ले, ले...अब चला...!!

कोरस : ओए गड्डी जांदी हैं छलाँगा मारदी...मैनु याद आवे मेरे यार दी-2

(एक्सीडेण्ट)

ड्राइवर : ओए हैप्पी! ...ऐ की कीत्ता?

हैल्पर : उस्ताद जी मैंने कहा था... मैनु डर लग रहा है।

ड्राइवर : ओए कोई गल नि!! साईकिल वाला ही तो मरा है... देखा ही किसने है...चल गाड़ी भगा, भगा, भगा।

कोरस : ओए गड्डी जांदी हैं छलाँगा मारदी...मैनु याद आवे मेरे यार दी।

दृश्य-2

कोरस : हैप्पी बर्थडे टू यू, हैप्पी बर्थडे टू यू-2

छोटा भाई : पापा, मुझे इस साल अपने बर्थडे का सबसे अच्छा सरप्राइज मिला है।

बड़ा भाई : अबे इस से भी अच्छा सरप्राइज है, आज शाम को छतरपुर फार्म्स में पार्टी!!

दोस्त : पर इसे नहीं ले जा सकते, वहाँ बच्चे एलाउड नहीं हैं।

छोटा भाई : पापा मुझे जाना है।

(ज़िद करने लगता है, बड़ा भाई और दोस्त उसे तंग कर रहे हैं)

बड़ा भाई : अच्छा चल, तुझे भी ले चलेंगे।

पिता : बेटा पर घर में एक ही हेलमेट है।

दोस्त : अंकल हेलमेट की चिन्ता मत करो, मैं हूँ ना, मैं ले जाऊँगा।

पिता : पर बेटा बिना हेलमेट...

दोस्त : अंकल कोई टेंशन नहीं है, आप फ़िक्र मत करो।

(सड़क पर गाड़ी चला रहे हैं। कुछ बाइकर्स सड़क पर स्टंट कर रहे हैं।)

छोटा भाई : भैया आप भी उनकी तरह स्टंट मार के दिखाओ न।

बड़ा भाई : छोटे मुझे नहीं आता।

(छोटा भाई ज़िद करने लगता है)

बड़ा भाई : अच्छा चल।

कोरस : ये, ये...अब ये कर के दिखाओ, ये, ये...अब ये कर के दिखाओ।

(एक्सीडेण्ट)

बड़ा भाई : देख इसे क्या हो गया, इसका बहुत ख़ून बह गया...देख इसे क्या हो गया।

दोस्त : मैं अंकल को फ़ोन करता हूँ।

(अंकल छोटे का एक्सीडेण्ट हो गया बहुत ख़ून बह रहा हैं। अंकल, आप जल्दी आ जाइए।)

पिता : क्या? कहाँ पर हो तुम लोग?

दोस्त : यहाँ फ्लाईओवर के पास।

पिता : मैं अभी आता हूँ।

गीत-4

कोरस : ला ला ला ला, ला ला ला ला

माँ-बाप : अब कहाँ से आयेगा, वो जो था मुन्ना मेरा
मार के उसको कोई बिन देखे ही चल दिया
किसने मारा है, किसने मारा।

कोरस : किसने मारा है, किसने मारा है...

माँ-बाप : किसको गोदी में उठाऊँ, किसको लोरी मैं सुनाऊँ
किसका बस्ता लगाकर, उसको स्कूल ले जाऊँ
ऐसा क्यूँ हुआ, ऐसा क्यूँ

कोरस : ऐसा क्यूँ हुआ, ऐसा क्यूँ
ऐसा क्यूँ हुआ, ऐसा क्यूँ...

दृश्य-3

अमित : एनी छेती-छेती कित्थे चलया।

गिन्नी : मैनु, गुरुद्वारे जाना है। पापाजी इन्तज़ार कर रे ने ...मैं ओना नु गुरद्वारे तो घर ले जाणा है।

अमित : क्यूँ, वो आपे नि घर जा सक्दे।

गिन्नी : दस साल हो गये दस...पर इक वी दिन एजा नि गया के मैं ओना नु गुरद्वारे से लेके ना गया हूँ...और ओना नु कल्ले घर जाणा पया हो...चल मैं चलदा हाँ...मैनु देर हो री है।

कोरस : बहती हवा-सा है वो, छूकर हमारे दिल को
(गिन्नी सड़क पर बाइक चलाता है, कोई गाड़ी उसे तेज़ी से मारकर चली जाती है।)

सरदार जी : पाजी एनी देर हो गी है, त्वडा मुंडा नि आया हाले तक?

गिन्नी के पिता : हुणे आंदा हो गा, जाम विच फँस गया होगा किदरों...

(गिन्नी सड़क पर पड़ा है, वहाँ जमा भीड़ आपस में बात कर रही है। कुछ लोग मोबाइल में वीडियो बना रहे हैं।)

आदमी-1 : ज़रूर दारू पी कर गाड़ी चला रहा होगा।

आदमी-2 : मैं अस्पताल तो ले जाता पर, रास्ते में कहीं मर-वर गया तो सारा इल्ज़ाम मुझ पर ही आ जायेगा।

आदमी-3 : मैं ले तो जाता पर मेरी गाड़ी नयी है, गन्दी हो जायेगी।

आदमी-4 : चलो भाई, चलो यहाँ से, जी कच्चा हो रहा है...

आदमी-5 : वैसे भी इतनी भीड़ है....कोई न कोई तो ले जायेगा।

आदमी-6 : गाड़ी तेज़ चलायेगा तो ठुकेगा ही।

आदमी-7 : सारी दुनिया का ठेका हमने तो नहीं ले रखा ना?

आदमी-8 : टैक्सी! टैक्सी! गाड़ी रोको, किसी का एक्सीडेण्ट हो गया है उसको अस्पताल लेकर चलते हैं।

आदमी-9 : अगर उसे अस्पताल लेकर जाना है तो दूसरी टैक्सी कर लो।

आदमी-10 : अपने को क्या पड़ी है, कौन-सा अपने घर का है।

गिन्नी के पिता : मेरा बेटा डेढ़ घण्टे तक सड़क पर पड़ा रहा, डॉक्टर ने बोला कि अगर समय पर उसे अस्पताल ले आते तो वो बच जाता... मैं आज भी गुरुद्वारे में उसका इन्तज़ार करता हूँ पर वो आता ही नहीं...गिन्नी मेरे बेटे मुझे छोड़कर क्यों चला गया? मेरे बुढ़ापे का सहारा था तू...

सूत्रधार संवाद-3

सड़कों पर एक्सीडेण्ट होते हैं, घायल वहीं पड़ा रहता है, हम देखते हैं और आगे बढ़ जाते हैं। एक्सीडेण्ट के बाद का हर सेकण्ड घायल की ज़िन्दगी के लिए बहुत महत्त्वपूर्ण होता है। वही वक़्त होता है जब उसकी ज़िन्दगी बचायी जा सकती है। उसे देख कर जाने वाले कोई और नहीं, हम होते हैं, आप होते हैं...जो घायल आदमी को देखते हैं और वहाँ से आगे बढ़ जाते हैं। सोचते हैं कि पुलिस आयेगी, एम्बुलेन्स आयेगी, और उसे अस्पताल ले जायेगी। क्या हमारी कोई ज़िम्मेदारी नहीं है?

क्या किसी की ज़िन्दगी बचाने के लिए हमें आगे बढ़ कर मदद नहीं करनी चाहिए। हिन्दुस्तान में रोड एक्सीडेण्ट से होने वाली मौतों में 50% सिर्फ़ इसलिए होती हैं क्योंकि उन्हें समय पर मदद नहीं मिलती। हमारे अपने एक्टर

गिन्नी सिंह का सड़क पर एक्सीडेण्ट हुआ और सिर पर गहरी चोट लगी, ख़ून बहता रहा। सैकड़ों गाडियाँ निकलीं हज़ारों बाइक सवार निकले, ना जाने कितने लोग निकले, लेकिन किसी ने आगे बढ़ कर, रुक कर उसकी मदद नहीं की। उसे अस्पताल नहीं पहुँचाया। घण्टों बाद जब पुलिस आयी और उसे अस्पताल ले कर गयी तो उसकी स्थिति बहुत बिगड़ चुकी थी। अगर गिन्नी को वक़्त रहते अस्पताल ले जाया जाता, उसकी head injury को सही वक़्त पे इलाज मिल जाता तो शायद वो भी बच सकता था, शायद वो भी आप सब के सामने हमारे साथ नाटक कर रहा होता।

गिन्नी मेरे जैसा था, गिन्नी आप जैसा था, हमेशा हँसता रहता था, ज़िन्दगी को भरपूर जीने का सपना देखा था उसने, वो बहुत बड़ा एक्टर बनना चाहता था, थिएटर करना चाहता था। 'राँझना' फ़िल्म में जब उसने धनुष और सोनम कपूर के साथ काम किया था, तब उसके माता-पिता, उसके दोस्त कितने खुश हुए थे, कितनी उम्मीदें जगी होंगी... सड़क पर दम तोड़ने वाले वो लोग, हम और आप में से ही एक होते हैं, जिनके मरने के बाद उनके परिवार वाले, उनके दोस्त, उन्हें यहाँ-वहाँ ढूँढ़ते रहते हैं...ताउम्र...

गीत-5

बहती हवा-सा था वो, उड़ती पतंग-सा था वो
कहाँ गया उसे ढूँढ़ो

कोरस : बहती हवा-सा था वो, उड़ती पतंग-सा था वो
कहाँ गया उसे ढूँढ़ो,
हमको तो थी राहें चलाती, वो ख़ुद अपनी राह बनाता
गिरता-सँभलता मस्ती में चलता था वो

हम को कल की फ़िक्र सताती, वो बस आज का जश्न मनाता
हर लम्हे को खुल के जीता था वो
यार हमारा था वो, छूकर हमारे दिल को
कहाँ गया उसे ढूँढ़ो, कहाँ गया उसे ढूँढ़ो, कहाँ गया उसे ढूँढो।

(समाप्त)

भ्रष्टाचार

ले लो ले लो ले लो ले लो
हाईकोर्ट का रजिस्ट्रार ले लो,
वक़ील ले लो, जज ले लो,
पूरी की पूरी जजमेण्ट ले लो,
पूरा का पूरा कोर्ट ले लो।
ले लो ले लो ले लो ले लो

आदिवासियों के जंगल ले लो,
नदियाँ ले लो, पहाड़ ले लो,
किसानों के खेत ले लो
और इतने से भी मन न भरे
तो पूरा का पूरा भारत देश बेच डालो।

हम हैं भ्रष्टाचारी
हम हैं भ्रष्टाचारी, ज़रा नोट तो दिखाओ
जाओ जाओ जाओ, बेशक सी.बी.आई. बुलाओ
कराओ कराओ कराओ, घोटाले तो कराओ
दिखाओ दिखाओ दिखाओ, हमें क़ानून तो दिखाओ
दिलाओ दिलाओ दिलाओ, हमें सज़ा तो दिलाओ
हम हैं भ्रष्टाचारी।
कुछ नहीं है भाता, जब रोग ये लग जाता
हम हैं भ्रष्टाचारी...

भ्रष्टाचार

गीत

ढेंचू...ढेंचू...ढेंचू...ढेंचू...ढेंचू
ढेंचू...ढेंचू...ढेंचू...ढेंचू...ढेंचू
एक बार गधी ने...
एक बार गधी ने पूछा कि अबे ओ गधे इश्क़ करता है?
मैं जानू पक्का तू मुझको घूरे, मुझपे मरता है
तो गधे की तो भई खुली लॉटरी बोला मेरी जानू, तू एक
हुकुम दे, कदमों में तेरे मर जाऊँ हर दम
तो गधी ये बोली "नहीं, मैं पहले बायोडाटा लूँगी।
मैं thought करूँगी उस पर तब ही लाइन क्लीयर मैं दूँगी"

सूत्रधार : गधी ने गधी से कहा, पहले मैं तेरा बायोडाटा लूँगी और अगर तेरे बायोडाटा में आठ-दस घोटाले, स्विस बैंक में अकाउण्ट और स्टिंग ऑपरेशन हुआ तो तेरा बायोडाटा हिट।

कोरस : तो गधा ये बोला, बायोडाटा तो ऐसा है मेरा कि फट जाये बड़े बड़ों की एटमबम जैसा।
मैं पाया जाता चरता हूँ, हाँ मैदानों के अन्दर और साथ पार्लियामेण्ट की हर एक सीट पर बैठा ऊपर।

सूत्रधार : सरकार बनानी हो या गिरानी हो सौ करोड़ फिक्स रेट है मेरा।

कोरस : आई.ए.एस. भी मैं हूँ, आज का आई.पी.एस. भी मैं हूँ देश चलाते उन मदारियों का सर्कस भी मैं हूँ।

सूत्रधार : यकीन न हो तो लोकसभा चैनल खोलकर देख लो तो पता चल जायेगा कि हमारे जूते के निशान कितने तगड़े हैं।

कोरस : मिलीजुली सरकार बनाता और गधों को लेकर फिर झाड़ दुलत्ती, झगड़ा करता, आपस में रो-रोकर।
मैं हर दूजे दिन नयी पार्टी को डिक्लेयर करता पर बायगॉड कांस्टीट्यूशन की कसम मैं तुझ पे मरता।
तो गधी दे दी एक broad smile और बोली यूँ बल खाकर कि हनीमून मनायेंगे इण्डिया गेट पर जाकर।

सूत्रधार : इण्डिया गेट हुआ पुराना मेरी जान अब हनीमून लन्दन में विजय माल्या के फार्म हॉउस में मनायेंगे।

कोरस : उन मरे जवानों को देंगे सैल्यूट जो बस कट गये। और आँख मूँद के सौ करोड़ की आबादी से घट गये।

सूत्रधार : उन मरे हुए जवानों का कफ़न तक खा गये हम।

कोरस : और फिर मैं कट लूँगी हाय यू.पी.एस.सी. होकर और तू कट लेगा सी.बी.आई. की बिल्डिंग होकर।

सूत्रधार : बोफोर्स, चारा, कॉमन वेल्थ, 2 जी स्कैम, कॉलगेट, व्यापम, राफेल जैसे सैकड़ों घोटालों की रेवड़ियाँ इधर-उधर पड़ी होंगी सबको समेट लेना भइया।

कोरस : पर हैल्थ की थोड़ी सोच ज़रा तू कैलोरी तू ले आ
बहत्तर साल आज़ादी की मैमोरी तू ले आ।
मुल्क़ की ले ली भैया
बात अलबेली भैया
वो देखो नेशनलिटी
चीखती मर गयी दैया
मुल्क़ की ले ली भैया
बात अलबेली भैया
वो देखो नेशनलिटी
चीखती मर गयी दैया
मुल्क़ की ले ली भैया!
(गीत साभार पीयूष मिश्रा)

कट-टु-कट

अभिनेता-1 : चुप! क्या लगा रखा है इसकी ले ली, उसकी ले ली, यह सब तो चलता ही रहता है, और सुनों, ज़्यादा ना बोलो। सारे के सारे बिना वारण्ट के अन्दर हो जाओगे और जमानत तक नहीं होगी समझे।

अभिनेता-2 : *(सब से)* पर भैया, बिना पैसा दिये यहाँ कोई काम होता है क्या?

कोरस : नहीं।

अभिनेता-2 : फाइल आगे बढ़ानी हो तो?

कोरस : पैसा दो।

अभिनेता-4 : स्कूल में एडमिशन लेना हो तो?

कोरस : पैसा दो।

अभिनेता-5 : ड्राइविंग लाइसेंस बनवाना हो तो पैसा दो।

कोरस : फिर जहाँ मन चाहे, अपनी गाड़ी ठोक दो।

अभिनेता-6 : पासपोर्ट बनवाना हो तो पैसा दो। अपना बनवाओ, अपनी बीवी का भी, फिर जब मन चाहे हज़ारों करोड़ का घोटाला कर, ख़ुद को दीवालिया घोषित कर के, विदेश में जाकर बस जाओ।

अभिनेता-7 : क्रिकेट टीम में सिलेक्शन करवाना हो तो?

कोरस : पैसा दो।

अभिनेता-8 : पैदा हो तो पैसा दो, मरो तो पैसा दो। यहाँ तक कि जलना हो तो भी।

कोरस : पैसा दो।

अभिनेता-9 : इलेक्शन में किसी भी पॉलीटिकल पार्टी का टिकट पाना हो या राज्यसभा की सीट लेनी हो तो सौ करोड़ फिक्स रेट है। फिर ईमानदारी का मुखौटा लगाओ और जिसे चाहे नीलामी लगाकर राज्यसभा भेज दो।

अभिनेता-10 : सरकार बनानी हो तो पैसा दो, सरकार गिरानी हो तो पैसा दो और अगर गिरती सरकार को बचाना हो तो पैसे दो, खरीदो, छोटा भाई को पैसा दो, मोटा भाई को पैसा दो और गिरती सरकार बचाओ।

अभिनेता-11 : ग़लती से अगर किसी घोटाले में फँस जाओ, तो जाँच कमेटी को नोटों से भरा ब्रीफकेस थमा दो।

अभिनेता-12 : किसी भी तरह की क़ानूनी कार्यवाही से बचना हो तो पैसा दो। अपना बिजली का मीटर स्लो कराना हो तो पैसा दो। कम परसेण्टेज में किसी अच्छे कॉलेज में एडमिशन पाना हो तो पैसे दो। और तो और, अगर नक्शा पास होने पर भी अपना मकान और बड़ा बनवाना हो, तो पैसे दो, फिर जितने चाहे माले बनवा लो।

कोरस : टु जी को पैसा दो, थ्री जी को पैसा दो, फोर जी, फाइव जी को पैसा दो, हुकुम-गुलाम-इक्का-बेग़म-बादशाह, सबको चाहिए पैसा...पैसा...पैसा...।

गीत

आसमाँ है नीला क्यों, पानी गीला गीला क्यों
क्यों करप्शन बढ़ा
जिसे देखो आता जाये, खाता जाये, पीता जाये
पेट ले के खड़ा
सोचा है? ये तुमने क्या कभी सोचा है?
कि है ये क्या सही, सोचा है?
सोचा नहीं तो सोचो अभी

जेबें मोटी मोटी क्यों, बातें खोटी खोटी क्यों
कर दे कुछ तो भला
पहले तोड़े बत्ती तू, फिर दे हरी पत्ती तू
कौन रोके भला?
सोचा है? ये तुमने क्या कभी सोचा है?
कि है ये क्या सही, सोचा है?
सोचा नहीं तो सोचो अभी

दे दे थोड़े पैसे तू, डिग्री ले ले ऐसे तू
फिर तू नौकरी पा

पैसा कभी झुके नहीं, काम कोई रुके नहीं
ये समझ ले ज़रा
सोचा है? ये तुमने क्या कभी सोचा है?
कि है ये क्या सही, सोचा है?
सोचा नहीं तो सोचो अभी...

कट-टु-कट

कोरस : ले लो ले लो ले लो ले लो

अभिनेता-1 : ले लो, ले लो भाईसाहब, सरकारी नौकरियों के दाम गिर गये। अब बीस से तीस लाख चंदा पकड़ाओ और आपकी मनचाही नौकरी आपकी जेब में।

कोरस : ले लो ले लो ले लो ले लो

अभिनेता-2 : चालानों का ज़माना हुआ पुराना। अब दो सौ रुपये की केसरिया पत्ती पकड़ाओ और अपनी बाइक फिर से दौड़ाओ।

कोरस : ले लो ले लो ले लो ले लो

अभिनेता-3 : यूनीवर्सिटी की सीट ले लो, डिग्री ले लो।

कोरस : ले लो ले लो ले लो ले लो

अभिनेता-4 : ले लो ले लो भाईसाहब, ब्लैक में सिलेण्डर ले लो, कमीशन दे बैंक से मन चाहा लोन ले लो।

कोरस : ले लो ले लो ले लो ले लो

अभिनेता-5 : पाँच हज़ार रुपयों में वोट ले लो।

कोरस : ले लो ले लो ले लो ले लो

अभिनेता-6 : जवानों के कफ़न ले लो, हथियारों में कमीशन ले लो।

कोरस : ले लो ले लो ले लो ले लो

अभिनेता-7 : विधवाओं के घर ले लो

कोरस : ले लो ले लो ले लो ले लो

अभिनेता-8 : कारगिल में शहीद हुए जवानों के पैट्रोल पम्प ले लो, पैसे दो और अपनी अपनी बीवियों के नाम अलॉट कराओ।

अभिनेता-9 : ले लो, ले लो भैया, कोर्ट का जज ले लो, हाईकोर्ट का रजिस्ट्रार ले लो, वक़ील ले लो, जज ले लो, पूरी की पूरी जजमेण्ट ले लो, पूरा का पूरा कोर्ट ले लो।

कोरस : ले लो ले लो ले लो ले लो

अभिनेता-10 : आईपीएल की टीम ले लो, बैट्समैन ले लो, बॉलर ले लो, फिल्डर्स ले लो, अम्पायर ले लो, चीयर्स गर्ल्स ले लो।

कोरस : ले लो ले लो ले लो ले लो...
आओ जी मैडम भाग के, दौड़ के, चप्पल छोड के, ले लो
ले लो ले लो ले लो

अभिनेता-11 : आदिवासियो के जंगल ले लो, नदियाँ ले लो, पहाड़ ले लो, किसानों के खेल ले लो और इतने से भी मन न भरे तो पूरा का पूरा भारत देश बेच डालो।
(उत्तरोत्तर संवादों का शोर ऊँचा होता है।)

हम हैं भ्रष्टाचारी
हम हैं भ्रष्टाचारी, ज़रा नोट तो दिखाओ
जाओ जाओ जाओ, बेशक सी.बी.आई. बुलाओ
कराओ कराओ कराओ, घोटाले तो कराओ
दिखाओ दिखाओ दिखाओ, हमें क़ानून तो दिखाओ
दिलाओ दिलाओ दिलाओ, हमें सज़ा तो दिलाओ
हम हैं भ्रष्टाचारी।

अभिनेता-12 : कुछ नहीं है भाता, जब रोग ये लग जाता

कोरस : हम हैं भ्रष्टाचारी...

सूत्रधार : करप्शन करप्शन चारो तरफ़ करप्शन फैला है। घोटाले ही घोटाले... बोफोर्स, चारा, कॉमन वेल्थ, 2 जी स्कैम, कॉलगेट, व्यापम, राफेल जैसे सैकड़ों घोटाले। (यहाँ ताज़ा घोटाले के नाम जोड़े जा सकते हैं) बच्चों के स्कूल में एडमिशन करने जाओ तो जो पैसा हम देते है, वो भी तो करप्शन

है। रैड लाइट पार करने पे चालान न कटवा कर हम जो दो सौ की पत्ती देते है वो भी तो करप्शन ही है। न जाने ये लिस्ट कितनी लम्बी है, हम रोज़ाना ख़ुद करप्शन का हिस्सा बनते हैं। रोजाना अख़बारो में पढ़ते हैं और भूल जाते है। करप्शन को हमने स्वीकार कर लिया है। वो चाहे मन्त्री की हो, चाहे सन्त्री की, चाहे प्रधानमन्त्री की हो या फिर ख़ुद हमारी...

"अरे भाईया ये सब तो होता ही रहता है, ये सब तो चलता ही रहता है", ये मुहावरे हमारी ज़िन्दगी का हिस्सा बन गये हैं। क्या इसका मतलब है कि समाज में सब लोग क्रप्ट हैं? या कुछ लोगों की वजह से हमारी ज़िन्दगी क्रप्ट है? या हमारा पूरा सिस्टम ही क्रप्ट है।

जब एक बच्चा पाँच रुपये की चोरी करता है तो उसके गाल पे ज़ोरदर तमाचा मारते है, या फिर कोई चपरासी सौ रुपये की चोरी करता पाया जाये तो हम उसे नौकरी से निकाल देते है, पर एक आदमी दो हज़ार करोड की चोरी करता है तब हम टेलीविज़न देखते हैं, चैनलों पर डिवेट सुनते हैं, चाय पीते हैं, टी.वी. देखते देखते पकौड़े खाते हैं, मज़े लेते हैं और अगले दिन सब भूल जाते हैं।

अभिनेता-1 : वाह भई, क्या भाषण दिया है आपने। मगर एक बात बताइये कि इस भ्रष्टाचार की लड़ाई में आप और मैं अकेले क्या कर सकते हैं?

अभिनेता-2 : सरकारी पैसा ही तो चुरा रहे हैं, कौन सा मेरे घर में चोरी कर रहे हैं ...मेरे बाप का क्या जाता है?

अभिनेता-3 : हमारी ख़ुद की ज़िन्दगी इतनी मुश्किल में पड़ी है, एक इतने से बच्चे का एडमिशन कराने जाओ तो दस से बीस लाख रुपए मांग लेते हैं। हम अपनी समस्याओं से निपटे या फिर इनके चक्करों में पड़े? माफ़ करो मैडम हमें तो

अभिनेता-4 : मैडम आपने विकास शब्द सुना है? मतलब डेवलपमेण्ट... आप लोगों ने तो सुना ही होगा ...मैडम विकास के साथ थोड़ा बहुत करप्शन तो होता ही है। जब नेता जनता की इतनी सेवा करते हैं तो अब इसमें थोड़ा-बहुत खा भी

लिया तो आप ही बताइये, कौन सा किसी की भैंस की पूँछ फाड़ ली।

अभिनेता-5 : क्या शोर मचा रखा है करप्शन...करप्शन...करप्शन... करप्शन...भूल गये कामनवेल्थ गेम्स के घोटालो को? अस्सी करोड़ का गुब्बारा उड़ाया था उन लोगों ने... और फिर ख़ुद ही कुर्सी समेत उड़ गये।

अभिनेता-6 : सच्चाई स्वीकार कर लो बिना पैसे दिये कुछ नहीं हो सकता 7 ये हमारी ज़िन्दगी का हिस्सा है।

अभिनेता-7 : करप्शन तो हमारे डी.एन.ए. में है, भ्रष्टाचार तो हमारे ख़ून में दौड़ता है।

अभिनेता-8 : ये तो चलता आया था, चलता जायेगा। अपने बाप का क्या जायेगा।

अभिनेता-9 : पुलिस कुछ नहीं करती, सी.बी.आई. कुछ नहीं करती, जज कुछ नहीं करते, मन्त्री से लेकर पी.एम. तक कुछ नहीं करते, जब करप्शन के मुद्दे पर इलेक्शन जीतने वाले लोग, बड़े बड़े भाषण देने वाले लोग, भारत में काला धन वापस लाने की बात करने वाले लोग ...करप्शन के इस मुद्दे पर चुप हैं, तो भैया मुझे क्या पड़ी है कि आ बैल मुझे मार।

सूत्रधार-1 : हम करप्शन को अपनी ज़िन्दगी का हिस्सा मान चुके हैं। चाहे स्कूल में बच्चे के एडमिशन का सवाल हो, लाइसेंस बनवाना हो या फिर रेड लाइट क्रॉस करने पर पकड़े जाने का मामला हो ...हम ख़ुद ही तो पैसे दे कर आगे निकल जाते हैं। अपने इन छोटी-छोटी करप्शनों के कारण ही हम बड़े बड़े घोटालों को नज़रअन्दाज करते हैं। कुछ साल पहले करप्शन के ख़िलाफ़ बड़े बड़े आन्दोलन हुए ...लोग सड़कों पर निकल आये ताकि करप्शन के ख़िलाफ़ एक सख्त क़ानून बने। लोकपाल क़ानून पास हो। पर हुआ क्या? एक सरकार गयी, दूसरी आ गयी। क़ानून तो छोड़िये ...करप्शन के ख़िलाफ़ कोई काग़ज़ी करवाई दिखाई तक नहीं देती है? लोकपाल तो भूल ही जाओ। उन आन्दोलनकारियों को सपने में भी लोकपाल शायद अब याद न हो।

सूत्रधार-2 : इस वक़्त भ्रष्टाचार अपनी चरम सीमा पर है। मकान के नक्शें में तीन मंज़िल की परमिशन हो और वहाँ महल खड़ा करना हो तो पैसा दो, इललीगल तरीके से नक्शा पास करवाओ और फिर तीन क्या पच्चीस मंज़िल बनवाओ। भ्रष्टाचार को लेकर हमारे देश में चुनाव के दौरान बड़े बड़े वादे होते हैं, नारे लगते हैं। पर करप्शन के मुद्दे पर बड़ी बड़ी बातें और आन्दोलन करने वाले भी अपने स्टेट में लोकपाल नहीं ला पाये।

स्विस बैंक से काला धन लाने की बात करने वाले, सबके अकाउण्ट में पन्द्रह-पन्द्रह लाख डलवाने की बात करने वाले या तो आज ख़ुद भ्रष्टाचार के आरोपों में फँसे हुए हैं या फिर सामने होते हुए भ्रष्टाचार को देख कर भी चुप हैं। नारे लगाने से या जुमलेबाज़ी 'ना खाऊँगा, ना खाने दूँगा', से कुछ नहीं होगा। भ्रष्टाचार को जड़ से ख़त्म करने का एक ही तरीका है कि हम भ्रष्टाचार को सबसे पहले अपनी निजी ज़िन्दगी में ख़त्म करें।

द्वितीय विश्वयुद्ध की एक कविता है ...पहले वो मेरे शहर में आये, लोगों को मारने लगे, मैंने कुछ नहीं कहा...फिर वो मेरे मोहल्ले में आये, मैं चुप रहा ...वो मेरी गली में आये, मैंने अपनी आँखें बन्द कर ली ...और जब वो मेरे घर में आये, तब मुझे बचाने वाला कोई नहीं था।

सूत्रधार-3 : हमारी चुप्पी, हमारी उदासीनता, काम निकालने की जुगाड़बाज़ी हमारे समाज को दीमक की तरह अन्दर ही अन्दर खोखला कर रही है और जब भी कोई इसके ख़िलाफ़ आवाज़ उठाने की कोशिश करता है तो उसे ख़त्म कर दिया जाता है ...या फिर उसका ट्रांसफर करा दिया जाता है, उसे अरेस्ट कर लिया जाता है और यहाँ तक कि उनका मज़ाक बना दिया जाता है। फेस बुक,

टवीटर, रेडियो, टेलीविजन चैनलों पर चुटकुले बनाये जाते हैं। कई आरटीआइ एक्टिवीस पीछले सालों में मारे गये।

सूत्रधार-4 : भ्रष्टाचार का सबसे बड़ा खामियाज़ा भुगतते हैं वो लोग, जो समाज के सबसे निचले पायदान पर हैं, जो ग़रीब हैं, जो शोषित हैं, जो दलित हैं, जो किसान हैं, आदिवासी हैं। यहाँ तक कि मेरी और आपकी खुद की ज़िन्दगी भी इससे प्रभावित होती है। करप्ट ब्यूरोक्रेसी की वजह से, पॉलिटिक्स की वजह से, ज्यूडिसी सिस्टम की वजह से, बेसिक सुविधाएँ और सरकारी पैसा जनता तक नहीं पहुँच पाता, जबकि यही पैसा कॉर्पोरेट और बड़े घरानों तक पहुँच जाता है। नतीजा अमीर और अमीर होता जा रहा है, ग़रीब और ग़रीब। इससे बड़ा मज़ाक और क्या हो सकता है कि कई बार जिसके ख़िलाफ़ शिकायत होती है, वो अपने केस कि जाँच खुद ही कर रहा होता है।

सूत्रधार-5 : हमारा देश चमत्कारों का देश है, यहाँ कदम कदम पर चमत्कार हैं। दो हज़ार करोड़ का घोटाला कीजिये, आठ हज़ार करोड़ का तमाशा कीजिये, बैंक से जितना चाहो पैसा लीजिए, जितना खाना है खाइये और खुद को दिवालिया घोषित कर दीजिये। हमारी सरकार के पास आपसे पैसा वसूल करने के लिए कोई क़ानून ही नहीं है। बड़े से बड़ा घोटाला कीजिये चार से पाँच साल की सजा काटिये और उसके बाद वो सारी रकम आपकी जेब में।

क्या यही भ्रष्टाचार हम अपनी आने वाली पीढ़ियों को विरासत में देना चाहते हैं या फिर चाहते हैं कि वो भी सिर झुकाये, घुटनों को टेके और भ्रष्टाचार को सहती रहे। क्या हम एक बेहतर समाज, बेहतर मुल्क के लिए कोशिश नहीं कर सकते। शुरुआत हमें खुद से ही करनी होगी। सबसे पहले हमें ये तय करना होगा कि भ्रष्टाचार हमारी ज़िन्दगी का हिस्सा नहीं है। अब हमें यह और बर्दाश्त नहीं है। एक दिन हमारी आवाज़ इस पूरे मुल्क की आवाज़ बनेगी, यही हमारा सपना है।

गाना

कोरस : हो गयी है पीर पर्वत-सी पिघलनी चाहिए,
इस हिमालय से कोई गंगा निकलनी चाहिए।
(कोरस घुटनों के बल झुककर, हाथ बाँध, कमर सीधी करके 'चौक' पोजिशन में फ्रीज।)

सूत्रधार : *(संवाद की तरह ऊँची आवाज़ में)* हो गयी है पीर पर्वत-सी पिघलनी चाहिए, इस हिमालय से कोई गंगा निकलनी चाहिए।

कोरस : मेरे सीने में नहीं तो तेरे सीने में सही,
हो कहीं भी आग, लेकिन आग जलनी चाहिए
(कोरस घुटनों के बल झुककर, हाथ बाँध, कमर सीधी करके 'चौक' पोजिशन में फ्रीज।)

सूत्रधार : *(संवाद की तरह ऊँची आवाज़ में)* मेरे सीने में नहीं तो तेरे सीने में सही, हो कहीं भी आग, लेकिन आग जलनी चाहिए।

कोरस : सिर्फ़ हंगामा खड़ा करना मेरा मकसद नहीं,
मेरी कोशिश है कि ये सूरत बदलनी चाहिए।
(कोरस घुटनों के बल झुककर, हाथ बाँध, कमर सीधी करके 'चौक' पोजिशन में फ्रीज।)

सूत्रधार : *(संवाद की तरह ऊँची आवाज़ में)* सिर्फ़ हंगामा खड़ा करना मेरा मकसद नहीं, मेरी कोशिश है कि ये सूरत बदलनी चाहिए।

कोरस : आज यह दीवार, परदों की तरह हिलने लगी,
शर्त लेकिन थी कि ये बुनियाद हिलनी चाहिए।
(कोरस घुटनों के बल झुककर, हाथ बाँध, कमर सीधी करके 'चौक' पोजिशन में फ्रीज।)

सूत्रधार : *(संवाद की तरह ऊँची आवाज़ में)* आज यह दीवार, परदों

की तरह हिलने लगी, शर्त लेकिन थी कि ये बुनियाद हिलनी चाहिए।

(दुष्यन्त कुमार की ग़ज़ल से साभार)

कोरस : सरफ़रोशी की तमन्ना अब हमारे दिल में है,
देखना है ज़ोर कितना बाज़ु-ए-क़ातिल में है,
बाज़ु-ए-क़ातिल में है, हाँ बाज़ु-ए-क़ातिल में है

वक़्त आने दे, बता देंगे तुझे ऐ आस्माँ
हम अभी से क्या बतायें क्या हमारे दिल में है
सरफ़रोशी की तमन्ना अब हमारे दिल में है
देखना है ज़ोर कितना बाज़ु-ए-क़ातिल में है,
बाज़ु-ए-क़ातिल में है, हाँ बाज़ु-ए-क़ातिल में है

(राम प्रसाद 'बिस्मिल' के तराने से साभार)

(समाप्त)

ज़िन्दगी

धर्म और जाति के नाम पर,
हम सड़कों पर ख़ून बहा देंगे,
लेकिन रक्तदान नहीं करेंगे।

हज़ारों-लाखों लोग ख़ून की कमी की वजह से मरते हैं और पीछे रह जाते हैं रोते-बिलखते माँ-बाप, यतीम बच्चे और विधवा औरतें। ब्लड की माँग और पूर्ति में अन्तर क्यों है? आज भी ब्लड की जितनी ज़रूरत होती है उसका सिर्फ़ 9 से 10% ही ब्लड मिल पाता है।

ज़िन्दगी

गीत-1

सुन ले ज़रा तू, सुन ज़रा-4
हर बूँद-बूँद में ज़िन्दगी, हर बूँद से चलती ज़िन्दगी-2
सुन ले ज़रा तू सुन ज़रा-2
हर साँस में रहती ज़िन्दगी, अहसास में रहती ज़िन्दगी-2
सुन ले ज़रा तू, सुन ज़रा-4

कट-टु-कट

1

कोरस : ट्रिंग ट्रिंग ट्रिंग ट्रिंग-3

अभिनेता-1 : हैलो! क्या हुआ...? क्या चाचा का एक्सीडेण्ट हो गया...? O-ve ब्लड की ज़रूरत है। चलो मैं देखता हूँ शायद कहीं मिल जाये...!

अभिनेता-2 : क्या हुआ...?

अभिनेता-1 : यार मेरे चाचा का एक्सीडेण्ट हो गया। O-ve ब्लड की ज़रूरत है। तेरा तो O-ve है दे दे...।

अभिनेता-2 : नहीं यार, मैंने 1 महीने पहले ही टैटू बनवाया था।

अभिनेता-1 : झूठ क्यों बोलता है तूने टैटू 1 साल पहले बनवाया था।

अभिनेता-3 : क्या हुआ भैया...?

अभिनेता-1 : O-ve blood चाहिए।

अभिनेता-3 : मिल जायेगा लेकिन थोड़ी मुश्किल होगी...थोड़े पैसे ज़्यादा लगेंगे।

अभिनेता-1 : आप पैसे की चिन्ता मत करो, बस ख़ून का इन्तज़ाम कर दो।

अभिनेता-3 : एक बात याद रखना, हॉस्पिटल में कह देना कि ब्लड देने वाला मेरे चाचा का मामा का भाई है... मेरा नाम नहीं आना चाहिए।

2

कोरस : ट्रिंग ट्रिंग ट्रिंग ट्रिंग-3

अभिनेता-4 : हैलो! हाँ मामी। क्या कहा? मामा जी को डेंगू हो गया है? प्लेटलेट्स चाहिए? मामी मुझे तो बॉस ने बुलाया है, आज ज़रूरी मीटिंग है, मैं नहीं आ पाऊँगा। अभी फेसबुक और ट्विटर पर पोस्ट कर दूँगा। टेंशन मत लो कोई ना कोई पढ़ लेगा और ब्लड डोनेट कर देगा...!

3

कोरस : ट्रिंग ट्रिंग ट्रिंग ट्रिंग-3

अभिनेता-5 : यह क्या कर रहा है...?

अभिनेता-6 : यार यह कम्पनी वालों ने परेशान कर रखा है ब्लड डोनेशन के मैसेज कर-कर के उन्हीं को री-ट्वीट कर रहा हूँ।

अभिनेता-5 : इससे क्या होगा..?

अभिनेता-6 : सोशल वर्क और क्या...?

अभिनेता-5 : सोशल वर्क करने का इतना ही शौक़ है तो ख़ुद ब्लड डोनेट करने क्यों नहीं चला जाता।

अभिनेता-6 : अगर मैं ब्लड डोनेट करने जाऊँगा तो यह सोशल वर्क कौन करेगा...?

सूत्रधार संवाद-1

हमारे देश में ब्लड की रोजाना बहुत ज़रूरत पड़ती है।

सड़कों पर एक्सीडेण्ट के बाद, हॉस्पिटल में ऑपरेशन के दौरान, और डेंगू, मलेरिया, चिकनगुनिया जैसी कई तरह की गम्भीर बीमारियों में ब्लड की सख़्त ज़रूरत पड़ती है। मरीज के रिश्तेदार ब्लड के लिए यहाँ-वहाँ दौड़ते भागते हैं, पर वक़्त पर ब्लड का मिलना बहुत मुश्किल होता है। हिन्दुस्तान में हर 1 घण्टे में प्रसव के दौरान तीन मौतें होती हैं, इसका सबसे बड़ा कारण है वक़्त पर ख़ून ना मिलना!

ऑपरेशन के दौरान ख़ून की सबसे ज़्यादा ज़रूरत पड़ती है। क्या यह ज़रूरतें पूरी हो पाती हैं? क्या यह ज़रूरतें ब्लड-बैंक पूरी कर पा रहे हैं? हमारे समाज में रक्तदान करने वाले लोग कम क्यों हैं?

क्या ब्लड डोनेट करना सिर्फ़ आर्मी, सीआरपीएफ के जवानों और कॉलेज के स्टूडेण्ट्स का ही काम है...? हमारे समाज में ब्लड ना देने के बहुत से विचित्र कारण होते हैं।

कट-टु-कट्स

अभिनेता-1 : बीमारी, HIV, ब्लड कैंसर... ना बाबा ना मैं ख़ून नहीं दूँगा...!

अभिनेता-2 : *(पुशअप्स मारते हुए)* इतनी मुश्किल से तो जिम में जाकर बॉडी बनायी है अब ख़ून दे दूँगा तो मेरी बॉडी कम नहीं हो जायेगी...!

अभिनेता-3 : हम ख़ानदानी लोग हैं, हमारी रगों में शाही ख़ून दौड़ता है। अब ऐसे कैसे किसी ऐरे-गैरे नत्थू-खैरे को दे दें अपना ख़ानदानी ख़ून...!

अभिनेता-4 : मैं ख़ून दूँगा तो मुझे कौन देगा बे!

अभिनेता-5 : तू तो लड़की है तेरा हीमोग्लोबिन तो पहले से ही कम है, तू कैसे ख़ून दे सकती हूँ?

अभिनेता-6 : मैं ख़ून देता नहीं मैं ख़ून लेता हूँ!

लम्बा अभिनेता-7 : मैं ख़ून दूँगा तो मेरी हाइट रुक नहीं जायेगी।

कोरस : और कितना लम्बा होगा बे...?

अभिनेता-8 : मुझे तो ब्लड देखकर ही चक्कर आते हैं!

अभिनेता-9 : मुझे तो सूई से डर लगता है!

अभिनेता-10 : बे-बे, मैं भी ख़ून देवांगा।

कोरस : बैठ जा थल्ले...मेरा पुत्तर पहले ही इन्ना कमज़ोर हेगा... ख़ून देऊगा ते होर कमज़ोर नहीं हो जायेगा?

सूत्रधार संवाद-2

हम लोग रक्तदान को अपनी ज़िन्दगी का हिस्सा क्यों नहीं बनाते? जिस तरह से हम खाना खाते हैं, पानी पीते हैं, कपड़े बदलते हैं, अपने रोज़मर्रा के काम करते हैं उसी तरह से हम हर 3 महीने में रक्तदान भी तो कर ही सकते हैं। हम क्यों नहीं इसे अपनी आदत बनाते हैं...?

रक्तदान ना करने के बहुत सारे कारण हैं, पर रक्तदान करने का सिर्फ़ और सिर्फ़ एक कारण है किसी की ज़िन्दगी बचाना।

गीत-2

कोई कहे कहता रहे कितना भी हमको दीवाना हे हे हे...
कोई कहे कहता रहे कितना भी हमको दीवाना हे हे हे...
हम लोगों ने रक्तदान करना है ठाना हे हे हे...
हम लोगों ने रक्तदान करना है ठाना...

दृश्य-1

अभिनेता-1 : भैया, हमारे यहाँ ब्लड डोनेशन कैम्प लगा है चलो रक्तदान करके आते हैं।

अभिनेता-2 : मैं ब्लड देने जाऊँगा तो यह बाइक पर स्टंट कौन मारेगा...? चल जा, ख़ुद मरेगा और मुझे भी मरवायेगा।

गीत-3

ओ गड्डी टू बाय टू
ओ कुड़िए व्हाट टू डू
ओ जाम लगा है देखो पों पों पों पों पों
ओ गड्डी टू बाय टू
ओ कुड़िए व्हाट टू डू
ओ जाम लगा है देखो पों पों पों पों पों
ओ गड्डी चलदी, धुआँ ओ छड़दी
ओ गड्डी चलदी, पों पों पों यार
ओ गड्डी चलदी धुआँ ओ छड़दी
मैं तो धूम फ़िल्म का जॉन मेरे यार
जदो मैं निकलूँ रोड पे यारों टशन मैं मारदा-2

एक्सीडेण्ट

अभिनेता-3 : देखो ना भैया इसे क्या हो गया..? कितना ख़ून बह रहा है..! भैया, इसे हॉस्पिटल ले जाते हैं... जल्दी करो।

अभिनेता-4 : पागल हो गया है क्या? देखता नहीं सड़क पर कितना ख़ून फैला हुआ है, ये तो यहीं मर जायेगा। चलो चलें...यहाँ खड़े रहे तो पुलिस का चक्कर पड़ जायेगा।

गीत-4

किसी की मुस्कराहटों पे हो निसार
किसी का दर्द मिल सके तो ले उधार
किसी के वास्ते हो तेरे दिल में प्यार
जीना इसी का नाम है जीना इसी का नाम है

जीना इसी का नाम है-3

सूत्रधार संवाद-3

धर्म और जाति के नाम पर, हम सड़कों पर ख़ून बहा देंगे,

लेकिन रक्तदान नहीं करेंगे। हमारे पास घूमने-फिरने के लिए टाइम है, फ़िल्म देखने के लिए टाइम है लेकिन ब्लड डोनेट करने के लिए टाइम नहीं है! क्योंकि जागरूकता का अभाव है! अगर हम लोग दूसरों की ज़रूरत को अपनी ज़रूरत नहीं समझेंगे ...अगर हम दूसरों की इमरजेंसी में खड़े नहीं होंगे तो हमारी इमरजेंसी में कौन खड़ा होगा...?

अगर मेरे पड़ोस में किसी को ब्लड की ज़रूरत है और उस वक़्त मैं उनकी मदद नहीं करता तो क्या वह मेरी मदद करेंगे...? कौन से मिथक हैं...? रक्तदान के बारे में कौन-सी ग़लतफहमियाँ हैं, कौन-सी बातें हैं कि लोग मदद के लिए आगे नहीं आते?

दृश्य-2 (हॉस्पिटल दृश्य)

कम्पाउण्डर : पैर साइड कर, यह सरकारी अस्पताल है तुम्हारे बाप का बेड नहीं...! इसके बाजू कौन ऊपर करेगा...? मैं...! जल्दी कर...

डॉक्टर : आपके बेटे को ख़ून की ज़रूरत है, जल्द-से-जल्द कहीं से इन्तज़ाम करिए...

माँ : डॉक्टर साहब, आप मेरा ख़ून ले लो।

बहन : डॉक्टर साहब, आप मेरा ख़ून ले लीजिए।

डॉक्टर : जी नहीं, हम बच्ची का ख़ून नहीं ले सकते और माता जी आप पहले ही ब्लड डोनेट कर चुकी हैं, आप कहीं और से इन्तज़ाम करिए।

माँ : डॉक्टर साहब हर जगह कोशिश कर ली, कहीं नहीं मिल रहा है...

कम्पाउण्डर : तो आप ख़रीद क्यों नहीं लेतीं...?

माँ : कहाँ से ख़रीदें भाई साहब? लोगों के घर जाकर झाड़ू-बर्तन

करती हूँ उससे जो पैसे आते हैं इसकी दवाई में ख़र्च हो जाते हैं और जो बचता है उसमें से स्कूल की फीस जाती है और बाकी बचता क्या है? हम खायें क्या? पहनें क्या? भाई साहब अब आप ही कुछ मदद कीजिए, आप ही हमारा आख़िरी सहारा हैं, आप ही कुछ कीजिए।

कम्पाउण्डर : पता भी है एक ख़ून की बोतल की कीमत क्या है? मैं कहाँ से इन्तज़ाम करूँ...?

माँ : भइया देखिए ना मेरे बेटे को क्या हो गया..? यह साँस नहीं ले रहा...डॉक्टर साहब को बुलाओ।

बहन : माँ, भैया को क्या हो रहा है? डॉक्टर साहब... डॉक्टर साहब... देखिए भइया साँस नहीं...

डॉक्टर : आई एम सॉरी...! आपका बेटा...
(माँ दहाड़ें मारकर रोती है।)

कोरस : मैं सच बोलूँ तो पानी चाहिए,
बूँदें बेमानी चाहिए
इसाँ समन्दर अपना खोल दो
मैं सच बोलूँ तो पानी चाहिए,
(आलाप)
हो हो हो हो हो हो हो हो हो हो हो हो हो हो हो हो हो
हो हो हो-2

सूत्रधार संवाद-4

हज़ारों-लाखों लोग ख़ून की कमी की वजह से मरते हैं और पीछे रह जाते हैं रोते-बिलखते माँ-बाप, यतीम बच्चे और विधवा औरतें। ब्लड की माँग और पूर्ति में अन्तर क्यों है? आज भी ब्लड की जितनी ज़रूरत होती है उसका सिर्फ़ 9 से 10% ही ब्लड मिल पाता है। हम ब्लड की ज़रूरत को क्यों नहीं समझते? अगर हम ब्लड की इम्पॉर्टेंस को

समझेंगे तो शायद हम ख़ुद जाकर ब्लड डोनेट करेंगे और दूसरों को प्रोत्साहित भी करेंगे।

गीत-5

गड्डी जांदी ए छलांगा मारदी
मेनू याद आवे मेरे यार दी
गड्डी जांदी ए छलांगा मारदी
मेनू याद आये मेरे यार दी

दृश्य-3 (ऑटो)

ऑटो चालक-1 : भाई साहब आपको जाना कहाँ है? कभी यहाँ, कभी वहाँ, वहाँ से यहाँ, फिर यहाँ से वहाँ, पूरी दिल्ली का दर्शन करा दिया आपने, आपको जाना कहाँ है? लो मैंने ऑटो स्टैण्ड पर गाड़ी रोक दी, आख़िर आप चाहते क्या हैं?

ऑटो चालक-2 : यार बुरा मत। लगता है, इनकी नयी-नयी शादी हुई है और आज इसने बीवी को रामलीला दिखाने जाने का वादा किया होगा और ये अगर यह वक़्त पर नहीं पहुँचा तो इसका लंका दहन हो जायेगा।

ऑटो चालक-1 : कुछ बोलेंगे भी क्या हुआ?

आदमी : मेरी माँ की तबीयत ख़राब है। उनको ख़ून की सख़्त ज़रूरत है। हर जगह ख़ून के लिए भटक रहा हूँ लेकिन कहीं नहीं मिल रहा।

ऑटो चालक-2 : आप तो ठीक-ठाक काम-धन्धे वाले लगते हो, ब्लड ख़रीद क्यों नहीं लेते?

आदमी : कहाँ से ख़रीदें? जितना पैसा था वह हम पहले ही लगा चुके हैं। जिन लोगों की हमने मदद की उन लोगों ने भी मुँह मोड़ लिया।

ऑटो चालक-1 : साहब मैं दूँगा ख़ून... चलिए! कहाँ जाना है...

ऑटो चालक-2 : अबे पागल है क्या...? तू देगा ख़ून...?

ऑटो चालक-1 : क्यों नहीं दे सकता ख़ून? माना कि मैं ग़रीब हूँ, एक ऑटो ड्राइवर हूँ, तो क्या मैं ख़ून नहीं दे सकता?

आदमी : भाई साहब, मैं आपका अहसान कैसे भूलूँगा, मदद करना तो कोई आपसे सीखे। जब हमारे अपनों ने मुँह मोड़ लिया तब पराये होकर भी आप हमारी मदद कर रहे हैं, आपका शुक्रिया...!

गीत-6

बूँद-बूँद मिलने से बनता एक दरिया है
बूँद-बूँद सागर है वरना यह सागर क्या है
समझो इस पहेली को, बूँद हो अकेली तो
एक बूँद जैसे कुछ भी नहीं,
हम औरों को छोड़ें तो, मुँह सबसे ही मोड़ें तो
तन्हा रह ना जायें देखो हम भी कहीं
क्यों ना बहायें मिलकर हम धारा!

सूत्रधार संवाद-5

ब्लड डोनेशन का मतलब किसी की ज़िन्दगी को बचाना है। जितनी ज़रूरत किसी की जान बचाने के लिए ऑक्सीजन की है, उतनी ही ज़रूरत वक़्त आने पर रक्त की भी होती है। अगर आप किसी को नयी ज़िन्दगी देना चाहते हैं तो समय पर रक्तदान करें। रक्तदान सिर्फ़ दान नहीं जीवन का दान है।

स्टोरीज़

अभिनेता-1 : मैं एक एथलीट हूँ। चार महीने पहले मैंने एक कैंसर पीड़ित तीन साल की बच्ची को रक्तदान किया। यक़ीन मानिये उस वक़्त जो ख़ुशी और सुकून मुझे मिला वह मेरे किसी भी अचीवमेंट और मेडल से बढ़कर है।

अभिनेता-2 : जब हमारे यहाँ ब्लड डोनेशन कैम्प लगा था तो मैंने अपने पति को ब्लड डोनेट करने की इच्छा ज़ाहिर की। शुरुआत में वह इतने सपोर्टिव नहीं थे लेकिन मैंने उन्हें समझाया। मैंने रक्तदान किया, मन को अच्छा लगा। जब पिछले महीने मेरे पति को डेंगू हुआ तो उन्हें ख़ून की ज़रूरत पड़ी, उस वक़्त मेरा ही डोनर कार्ड उनके काम आया।

सूत्रधार संवाद-6

जब भी हमारे आसपास ब्लड डोनेशन कैम्प लगता है या ब्लड डोनेशन की बात आती है तो हम बहाने बनाते हैं, डरते हैं। क्या यही डर हमारी ज़िन्दगी की उम्मीदों की रीढ़ को नहीं तोड़ रहा...? क्या हमें आगे बढ़कर इन्सानियत के लिए, ज़िन्दगी के लिए दूसरों की मदद नहीं करनी चाहिए...?

अभिनेता-1 : रीढ़ को सीधा करो

अभिनेता-2 : आँख से देखा करो

अभिनेता-3 : सुनने की आदत को बदलो

अभिनेता-4 : मुँह से कुछ बोला करो

गीत

रीढ़ को सीधा करो, आँख से देखा करो
सुनने की आदत को बदलो, मुँह से कुछ बोला करो
रीढ़ को सीधा करो, आँख से देखा करो
सुनने की आदत को बदलो, मुँह से कुछ बोला करो
सब तुम्हारे बस में है, सब हमारी हद में है
कुछ नहीं जो कल में है, ज़िन्दगी पल-पल में है
उजले दिन की चाह में, आज ना मैला करो
हर तरफ़ दीवार है मुश्किलें ही मुश्किलें
अपने हिस्से आयी है बस कोशिश ही कोशिश